AF586333

LETTRES

ÉCRITES A M. L'EVÊQUE DE TOUL,

PAR M. BROCQUEVIELLE,

A l'occasion des bruits qui se sont répandus contre le Séminaire.

Toul le 9 Décembre 1772.

Monseigneur,

(*) DEVOIS-JE craindre que mon retour dans un Diocése où j'étois rappellé par les vœux de votre Clergé, & par les propres sollicitations de Votre Grandeur, formeroit l'époque la plus triste de ma vie, & que le dernier service peut-être que j'aurai le précieux avantage de rendre à un corps respectable, dont une grande partie a été formée par mes soins, ouvriroit sous mes pas la source des plus amers chagrins! Faites-moi la grace de me le dire, MONSEIGNEUR, je vous en supplie par tous les droits que j'ai à votre estime, par tous les titres que je crois avoir acquis sur vos bontés, sur qui retentissent ces mots odieux de déisme & de libertinage, de secte & d'académie d'impiété, qui viennent de toutes parts offenser mes oreilles. Que signifient ces inquiétes recherches, ces précautions encore plus inquiétantes qui, par leur nouveauté, ne semblent destinées qu'à mettre le sceau de la confirmation à ces accusations terribles? Ne suis-je que malheureux! Suis-je coupable! Daignez développer cette énigme à mon ame accablée sous le poids d'un soupçon flétrissant : j'ose, dans cette circonstance la plus importante de ma vie, interroger la justice de Votre Grandeur, & en réclamer l'exercice.

JE tiens de la bonté de Dieu la religion & l'amour de ses vérités, l'honneur & l'attachement à ses principes; ce sont les seuls biens qu'elle ait daigné répandre sur moi, les seuls que jamais mon

(*) La septiéme Lettre, quoique la derniere dans cet imprimé, renferme des anecdotes qu'il est bon de savoir pour l'intelligence des choses répandues dans ces écrits.

cœur ait chéri : s'il s'eſt trouvé des hommes aſſez mauvais pour avoir cherché à me les enlever à vos yeux, je ſuis très-éloigné de penſer que jamais vous ayez voulu concourir au deſſein de me les ravir aux yeux des autres; ce ne ſeroit pas ſans reſſentir cette ſorte de honte dont on ne peut ſe défendre, quand on eſt forcé par les circonſtances de parler du bien qu'on a fait, que je vous rappellerois, Monſeigneur, les preuves authentiques & multipliées que j'ai donné de mon attachement ſincere & vrai à la cauſe de Jeſus-Chriſt & de ſa religion adorable : j'ai, par la grace de Dieu, combattu toute ma vie les combats du Seigneur, & ſi mes travaux courageux dans cette lice ſainte m'ont attiré la haine publique des ennemis de la religion, ils m'ont procuré à jamais l'honneur ineſtimable pour un Prêtre, d'occuper quelque rang parmi ſes plus zélés défenſeurs; vous n'avez pu les ignorer, Monſeigneur, ces efforts de mon zéle; tout l'Epiſcopat a daigné y applaudir, & vos plus dignes Collégues vous en ont rendu, même en ma préſence, les témoignages les plus flatteurs & les plus glorieux pour moi.

Je viens de travailler pendant huit années & plus ſous vos ordres, animé par l'eſprit de la religion à veiller ſur le dépôt commis à mes ſoins, mes yeux & ceux de mes Collégues ont été continuellement fixés ſur les éleves que vous aviez confié à notre zéle; & notre unique occupation a été de les préparer à recevoir de vos mains l'onction ſacrée qui devoit les aſſocier au miniſtere redoutable dont vous êtes le Pontife, & les rendre tout à la fois dignes d'en exercer les fonctions, & capables de cultiver ſous vos loix l'héritage du Seigneur. Pas un ſeul moment dans près de neuf ans, où ſi vous m'aviez interrogé ſur ce qui ſe paſſoit dans cette Maiſon d'épreuves, je n'euſſe pu vous répondre avec confiance : je ſuis ſentinelle pour le Seigneur, je conſacre à la garde de Sion tous les jours qui ſont à moi; je ſais qu'elle ne ſauroit être trop grande la pureté de la doctrine & des mœurs dans ceux qui ſe deſtinent aux fonctions du Sacerdoce; & j'exerce la ſévérité de la diſcipline ſur ceux en qui j'apperçois le moindre écart : un livre pour n'être pas mauvais, n'en eſt pas moins proſcrit, dès qu'il n'eſt ni néceſſaire ni utile à l'éducation cléricale; la nuit même, je puis, comme le Prophete, l'ajouter avec vérité, je n'étois pas ſans attention, & ſi vous m'euſſiez demandé compte de ma vigilance, j'aurois pu vous répondre du ſuccès de mes veilles pour la tranquillité & le bon ordre; dans tous les temps s'il s'eſt trouvé des coupables, je les ai punis, ou je vous les ai déférés.

Il y a plus, Monſeigneur, j'ai vecu habituellement ſous vos yeux; ſouvent même m'enleviez-vous aux occupations du Séminaire, pour m'appliquer à des objets étrangers, ou pour m'avoir à votre ſuite dans vos viſites & dans vos voyages; il ne vous a donc pas été difficile de me connoître à fonds. Vous m'avez ſi ſouvent employé, ſi ſouvent vous m'avez placé dans des circonſtances qui vous mettoient ſous les yeux le détail de mes diſpoſitions, de mes diſcours, de mes rélations, de mes démarches, qu'il eſt impoſſible que rien en moi ait échapé à votre pénétration : & les plus cruelles imputations seront les fruits amers, les seuls fruits que je recueillerai de tant d'attachement à votre personne & à votre gloire, de tant d'années de dévouement au service de la religion, & à la défense de ses intérêts.

On n'a pas craint de répandre, & ce qui augmente ma surprise & ma douleur, on l'a osé devant Votre Grandeur, sans redouter les effets de votre juste indignation; on n'a pas craint de répandre dans le public, que plongé sans doute dans un sommeil léthargique, ou coupable de la plus sacrilége connivence, j'avois depuis deux ans laissé l'homme ennemi semer à pleines mains la zizanie du libertinage dans le champ confié à ma garde, que sous mes yeux il s'étoit formé depuis un assez long-temps une secte de déistes parmi les jeunes éléves de votre Séminaire, que la lecture des livres les plus abominables s'étoit familiérement introduite parmi eux; que parmi eux la plûpart étoit sans mœurs, & le très-grand nombre n'avoit pas de religion; *que telles étoient les prouesses de mon gouvernement, que je ne devois pas en être bien flatté, & qu'on s'en souviendroit long-temps.* Telle est l'accusation dont j'ai la preuve entre les mains, & si elle est aussi fondée qu'elle est existante, moi-même, Monseigneur, je prononce l'anathême contre moi : je suis le plus abominable des hommes, & ce qui est encore le plus effrayant, je ne suis pas le seul coupable; tous les autres Directeurs du Séminaire auront partagé avec moi le crime de cette énorme infidélité, ou de cette monstrueuse négligence. Je croyois bien jusqu'à un certain point que parmi les hommes il y avoit des méchans, mais j'ignorois encore que dans certaines ames le besoin de nuire qui les dévore ne pouvoit trouver de repos, de satisfaction, de bonheur que dans l'oppression de l'homme vertueux, & l'opprobre de la vertu même. Avec le secours de la plus légere réflexion, on n'eût pas osé hasarder une imputation si horrible & si absurde, & si on l'eût saisie, comment auroit-on pu la produire?

Pardonnez, Monseigneur, à ma sensibilité, jamais elle ne fut plus vive; mais aussi elle n'eût jamais une cause plus juste. Je sais l'usage qu'il faut faire d'un certain genre d'humiliation dont les hommes les plus irréprochables ne sont pas à l'abri; je trouve sur cela dans l'Evangile des leçons & des exemples qui seront toujours la régle de ma conduite; mais des propos, des écrits, des éclats capables de répandre le plus foible nuage sur ma religion, ma probité, mon honneur, il m'est défendu de les mépriser ou de les souffrir. Je puis tout supporter avec résignation, excepté l'opprobre qui réjailliroit sur la religion que j'ai enseignée, que j'ai défendue toute ma vie, & pour laquelle je verserois avec joye tout mon sang.

Voila ma régle, Monseigneur; je puis unir le sacrifice de ma vie à la croix de Jesus-Christ; je ne puis y joindre le sacrifice de mon honneur, quand il intéresse sur-tout ma religion. Ici donc, Monseigneur, j'en appelle à votre jugement, le silence seroit une défection & la patience un crime. Je dois jusqu'au dernier soupir conserver l'intégrité de ma réputation, & la défendre avec courage contre ceux qui entreprennent de la ternir. Je ne puis la sacrifier, la négliger; elle appartient à une Congrégation à laquelle je suis lié par des engagemens bien chers à mon cœur & bien respectables pour moi; plus elle m'a mis en évidence, plus il lui importe que ma foi & ma conduite soient sans soupçon. Elle vous appartient ma réputation, à vous, Monseigneur, qui m'avez honoré de votre confiance, & qui n'avez pu me l'accorder sans connoissance de cause. Cette confiance entiere que vous m'avez donnée, non, elle n'a pu être en vous qu'un sentiment réfléchi. Mes lâches délateurs n'ont pas pensé sans doute, qu'en attaquant mon honneur ils alloient jusqu'au vôtre, & qu'ils ne pouvoient obscurcir ma vertu sans ternir votre gloire.

ELLE appartient encore, Monseigneur, ma réputation dans toute son intégrité à cette multitude de jeunes Prêtres à qui j'ai tâché d'inspirer l'amour & la pratique de toutes les vertus chrétiennes & sacerdotales. Si les noirs soupçons qu'une haine injuste distribue sur mon compte, parviennent jusqu'à eux, je ne puis y penser sans la plus frémissante douleur; qui les rassurera contre les pensées sinistres qui viendront les assaillir en foule sur leur entrée dans le sanctuaire? J'étois pour eux l'apôtre de la séduction & du mensonge, & je devois être leur oracle & leur guide. Elle appartient enfin à la religion que j'ai défendue. Quel triomphe pour les incrédules, si ceux qui les combattent devenoient en les combattant les fauteurs de l'incrédulité! Ainsi la calomnie dans l'affreux projet qu'elle a formé de me perdre n'a rien respecté. Tout ce qui est le plus fait pour l'être se trouve compromis dans ces inculpations.

JE les défere, Monseigneur, ces atroces inculpations à votre justice & à vos lumieres: qu'aucune considération n'en tempere la sévérité ou n'en suspende l'exercice, si la carriere que j'ai parcouru est honorable. Couvrez d'ignominie celle qui me reste à parcourir, si j'ai les torts qu'on ose me supposer: je n'ai pas besoin de vous supplier, Monseigneur, d'apporter dans l'examen que je réclame de votre équité, ce tact sûr, cette impartialité nécessaire pour réduire des accusations entortillées à de simples faits, pour les dépouiller de la teinte plus ou moins sensible de la passion ou de l'intérêt de leurs auteurs. Tout ce qui partira de vous-même, portera toujours l'empreinte respectable de la lumiere & de la vertu: je suis assuré que dans une affaire aussi grave vous n'omettrez rien de ce que dictent la prudence & la sagesse. Je vous en conjure, Monseigneur, employez tout pour éclaircir la matiere, daignez remonter à la source, prenez le mal dans son berceau, suivez-le dans ses développemens & ses progrès. Maniez vous-même tous les fils qui peuvent vous conduire à la découverte de la vérité. Je ne craindrai jamais que dans cette recherche, mes délateurs à l'aide d'une complication des faits absurdes ou impossibles, puissent à vos yeux déguiser la nature de leur projet sous le masque insidieux de la vertu & du zéle. Des écrits anonymes, des délations, ou mandiées ou odieuses par la qualité de ceux qui les font, n'acquerront point tout d'un coup à vos yeux le mérite de la conviction, ou l'autorité de la certitude. Les lumieres sûres de votre esprit, les vertus rares de votre cœur, plus encore, Monseigneur, que la supériorité de votre rang & l'impartialité de votre place, vous rendent

rendent inaccessible à toutes ces séductions, & m'inspirent la plus juste confiance. Or, Monseigneur, encore une fois j'en ai des preuves incontestables, ce sont des pareilles délations mendiées, suggérées peut-être & fournies par deux ou trois sujets mécontens des punitions ou des reproches qu'ils avoient mérités. Ce sont des pareilles délations qui ont servi de base à cette fable perfide que la haine a si bien accueilli, & que mes ennemis se sont plu à boursouffler, & si j'ose parler de la sorte, par le cruel amas des plus noires calomnies.

J'AI dit des ennemis! eh! Monseigneur, devois-je en avoir, & en avoir uniquement, peut-être parce que depuis deux ans, dans une querelle étrangere à mon état & à ma mission (*) je n'ai pas vu des torts que je ne pouvois appercevoir, quand on me forçoit d'y regarder; parce que dans un temps je ne refusois pas toujours de dire mon avis lorsqu'on me le demandoit sur le danger des éclats toujours affligeants pour la religion, quelque juste que puisse en être la cause. Ils m'ont haï, & me persécutent. Permettez-moi encore une réflexion, elle me paroît frappante: jusqu'à l'époque que je viens de vous rappeller malgré moi, ils avoient respecté ma foi & ma conduite. Quel temps ont-ils pris pour me trouver des prévarications & des crimes? le temps où il est absurde de m'en supposer, parce qu'il est impossible que j'en eusse: en effet, souffrez que je le demande à vous-même, Monseigneur, je pourrois le demander à toute la terre; y a-t'il la moindre apparence que j'eusse pris, pour avoir des torts aussi graves que ceux qu'on m'impute, le moment où je ne pouvois ignorer, où l'on m'écrivoit de toutes parts qu'on cherchoit à m'en trouver même de légers? Se persuadera-t'on jamais que les circonstances où je devois me tenir le plus sur mes gardes, ait pu m'inspirer des dispositions entiérement opposées?

JE livre, Monseigneur, toute ma conduite à votre examen, & n'implore dans cette affaire que votre justice. Mon cœur ne me reproche rien, il a été mon premier juge, & si j'étois coupable, il seroit mon plus cruel bourreau. Non, Monseigneur, il ne s'est jamais affoibli dans l'amour de la religion de Jesus-Christ, ni dans les routes du zéle & de la vigilance que j'ai dû suivre, pour assurer dans votre Séminaire le régne de la foi & des mœurs. Vous ne me refuserez pas, Monseigneur, de me communiquer les lumieres que vous pourriez acquerir au contraire; vous ne dédaignerez pas de m'admettre à la discussion des preuves qui pourroient justifier l'accusation, s'il s'en trouvoit de nature à faire la plus légere impression sur vous. Cette voye toujours ouverte aux hommes les plus coupables, ne peut être fermée auprès de vous aux cris de l'innocence. Ne craignez pas, Monseigneur, qu'aux faits que vous voudrez bien soumettre à l'examen, j'oppose ni tergiversation ni subtilité pour en éluder la force, pour écarter l'avantage qu'on pourroit en tirer contre

(*) Le Chapitre de la Cathédrale étoit divisé depuis deux ans; dix-neuf Chanoines s'étoient liés par acte pour changer l'administration du temporel de ce Chapitre; & seize autres s'étoient opposés à ce changement. L'instance avoit été d'abord portée au Parlement de Metz, & renvoyée ensuite à la Cour souveraine de Nancy. Gémir sur cette division scandaleuse, ou se taire, étoit un crime à l'un ou l'autre parti.

moi. Si dans les choses de mon devoir, je ne connus jamais d'autre art que celui de le remplir, dans l'ordre des choses qui seroient réellement à ma charge, je saurai au moins conserver un mérite, celui de les avouer. Monseigneur, j'ai toute ma vie prêché, enseigné, & professé dans ma conduite le plus grand respect pour l'Episcopat, & pour ceux qui en portent le caractere sacré; j'ai joint à ces sentimens pour Votre Grandeur, celui de l'attachement le plus vrai. Ce ne seroit qu'à la derniere extrêmité, & après que toutes les autres voyes me seroient absolument fermées, que je pourrois me résoudre à solliciter ailleurs que dans votre propre cœur, une justification que je voudrois devoir à votre justice seule. Je ne prétends pas me venger de mes accusateurs. La seule vengeance que je veuille prendre de leurs calomnies, après m'en être purgé, c'est de leur montrer que je sais les porter aux pieds de la Croix & les oublier. De quelque maniere que finisse cette affaire, ils seront plus malheureux que moi. Si je suis en proye à la douleur d'avoir perdu vos bonnes graces, ils seront à jamais déchirés par le cruel remords de m'avoir calomnié. J'attendrai vos ordres, Monseigneur, dans la réponse que j'ose me promettre de votre justice & de vos bontés. Je vous supplie d'agréer le sincere hommage du dévouement le plus respectueux avec lequel j'ai l'honneur d'être, &c.

SECONDE LETTRE.

Toul ce 16 Décembre 1772.

Monseigneur,

L'ENTREVUE dont Votre Grandeur a daigné m'honorer le 10 de ce mois en présence du Supérieur de son Séminaire, a surpassé mes espérances sans remplir l'objet que je m'étois proposé : aussi ne l'ai-je regardé que comme une précaution dictée par votre sagesse, pour vous procurer les éclaircissemens préliminaires à la réponse que j'implore & que j'attends toujours de votre justice; je vous ai déféré, Monseigneur, des accusations graves qui flétrissent ma religion, mon honneur, & qui compromettent votre propre gloire; j'ai entre les mains les preuves incontestables de l'existence de ces cruelles imputations, & c'est sans doute un sentiment bien juste & bien naturel que le désir d'en être purgé; j'ai déposé à vos pieds toute l'ardeur des vœux que je forme pour ma justification, mes intérêts personnels me les ont moins suggérés que l'intérêt même de la religion : je vous ai supplié d'appliquer les lumieres de votre prudence à la recherche de la vérité, & de ne prendre conseil que de votre justice pour me condamner ou pour m'absoudre. La seule grace que j'ai osé vous demander, c'étoit d'examiner tout par vous-même, de péser dans la balance incorruptible de votre équité, le poids des accusations, & d'apprécier selon les régles sûres de votre prudence la qualité des accusateurs.

Vous m'avez fait l'honneur de m'assurer, Monseigneur, que jamais il ne vous étoit venu à l'esprit le plus léger soupçon sur ma foi & sur mes mœurs; j'en étois bien persuadé, & la preuve que je n'en doutois pas, c'est que je vous avois pris pour juge : je réclamois de nouveau toutes les lumieres & les rigueurs de votre justice: je vous protestois que je ne formois pas des fantômes pour les offrir à vos coups; que je n'avois que trop réellement des accusateurs, dont la place étoit faite pour accréditer leurs assertions; que les torts graves qu'ils m'imputoient, rouloient sur les chefs & les détails articulés dans ma lettre, & que j'offrois à en mettre la preuve authentique sous les yeux de deux personnes de votre choix, dignes d'une confiance réciproque, soit dans le Clergé, soit dans la Magistrature, sur leur parole d'honneur d'en faire le rapport sincere, & sous la seule condition de ne compromettre personne. J'ajoutois, Monseigneur, que si ce moyen ne vous paroissoit pas suffisant pour éclairer votre justice, sous votre bon plaisir, & d'après vos ordres, les piéces & papiers respectifs seroient déposés entre les mains d'un Officier public, pour en donner communication aux parties intéressées.

Comme vous ne jugeâtes pas convenable, Monseigneur, d'adopter aucun de ces deux moyens que j'avois eu l'honneur de soumettre à votre jugement, vous parûtes n'être frappé du second que pour en conclure que peut-être je méditois un éclat : vous me fites la grace de me dire que de votre part, loin de le craindre vous le desiriez même, & que si j'étois attaqué dans ma religion, comme je le prétendois, je devois me défendre : c'est à cette obligation indispensable que j'ai voulu satisfaire, en vous déférant la connoissance & le jugement d'une affaire que je n'eusse pas hésité à mettre entre les mains de votre justice, quand même par sa nature elle n'eût pas été de votre ressort. Telle est l'observation que j'ai pris la liberté de vous faire, en suppliant Votre Grandeur de me permettre de n'être pas de son avis sur l'éclat des procédés. A la vérité je crois personnellement n'avoir aucune raison pour en redouter les suites; mais loin de les désirer, je pense devoir les craindre, au moins pour la religion & le public : d'après l'expérience qui a toujours prouvé qu'en général les démarches éclatantes, quelque juste qu'en soit la cause, opérent presque toujours plus de mal qu'on ne veut en empêcher, & ne produisent presque jamais le bien que l'on se propose.

Dans la suite de cette conversation où vous daignâtes, Monseigneur, me parler, m'écouter avec une bonté qui me pénétre encore de la plus vive reconnoissance, vous n'articulâtes qu'un seul point qui parut avoir laissé quelque impression moins favorable dans votre esprit : c'est le défaut de vigilance dans l'administration spirituelle de votre Séminaire : ce reproche est grave, & s'il avoit le plus léger fondement, il justifieroit en quelque sorte tous les autres; mais avant que de soumettre l'accusation en elle-même au jugement de Votre Grandeur, permettez-moi de demander à mes accusateurs, pourquoi dans les écrits que j'ai entre les mains, n'ont-ils daté que de deux ans l'introduction du relâchement dans votre Séminaire par notre négligence? & la font-ils remonter actuellement à cinq ans & demi ? Cette prodigieuse différence des dates suppose au moins qu'ils ont acquis de nouvelles lumieres sur ce chef très-important. J'ai la modération de ne leur prêter pour ce changement d'autres motifs que de nouvelles découvertes. Mais je ne puis me refuser à cette réflexion, c'est qu'ils n'ont pas observé sans doute, que l'accusation en acquérant un dégré de griévété de plus par le long espace sur lequel ils cherchent à l'étayer, en devenoit & plus absurde & plus incroyable en même temps qu'elle vous devenoit personnellement plus injurieuse.

Je l'ai déja dit, Monseigneur, cette nouvelle accusation, si elle étoit fondée, nous mettroit tous mes Collégues & moi, dans les torts les plus évidents & les plus impardonnables : une négligence aussi ancienne, aussi profonde, aussi universelle, auroit nécessairement enfanté des abus, introduit des désordres, occasionné même des scandales propres à provoquer sur ma tête tous les anathêmes du Ciel, toutes les malédictions de votre Diocése, & les plus terribles effets de votre indignation : cette accusation ne me frappe pas seul, par un contrecoup nécessaire elle porte sur tous mes Collégues, elle ne se borne pas au seul défaut de vigilance, elle devient la preuve certaine des inculpations qui obscurcissent mon zéle pour la religion, elle en fournit au moins le prétexte le plus plausible, & le moyen le plus propre pour inspirer contre moi sur cet objet capital, les alarmes les plus légitimes, & pour autoriser ces recherches inquiétes, ces précautions encore plus inquiétantes qui ont affligé la religion & effrayé le public.

Cette invigilance, c'est le terme dont on s'est servi auprès de vous, Monseigneur, ou plutôt cette monstrueuse négligence, & par une conséquence qui résulte de la nature même des choses, cette prodigieuse insensibilité, cette connivence criminelle qui a fermé les yeux pendant plus de cinq ans aux Directeurs de votre Séminaire, qui les a tenus dans le plus coupable silence sur la formation d'une secte abominable de déisme & d'impiété dans l'asyle de la foi & de l'innocence, sur l'introduction familiere & la lecture fréquente des plus horribles productions de l'incrédulité & du libertinage; dans l'école de la religion & de la vertu, qu'annoncent-elles à Votre Grandeur, dans les Directeurs de votre Séminaire? Des chiens muets, des sentinelles endormies, des hommes profondément désoccupés de leurs plus essentiels devoirs : voilà, Monseigneur, les affreuses idées qu'on prétend vous en donner par l'injuste & absurde accusation d'une *invigilance* de cinq ans ; invigilance qui n'a pu être si profonde, si générale, si persévérante sans parvenir à la connoissance, & réclamer le zéle d'un Prélat le plus religieux observateur des loix de la résidence. En vous portant de pareilles délations contre vos coopérateurs dépositaires de la portion la plus chere de votre troupeau, on veut donc, Monseigneur, vous rendre comptable de leur crime en vous rendant complice de leur invigilance.

Vous saurez, Monseigneur, rappeller à ces hommes pervers, aussi ennemis de votre gloire que de mon honneur, vous saurez leur rappeller

rappeller la différence qui leur a échappé, quoiqu'elle se fasse sentir au commun des hommes, la différence que les loix d'un sage gouvernement ont toujours établi entre les précautions & les sollicitudes d'une vigilance éclairée & les tracasseries, & les embûches d'un vil espionage : si par vigilance mes accusateurs entendent ces alarmes excessives, ces assujettissemens serviles, ces gênes, ces contraintes, ces entraves multipliées, plus propres à faire naître l'idée du mal qu'à inspirer le goût du bien : cette inquiette & turbulente application à trouver la réalité d'un désordre qui ne s'annonce par aucune apparence, ces démonstrations affectées pour ménager des questions insidieuses plus propres à resserrer le cœur qu'à l'ouvrir, à imprimer la crainte & la défiance, qu'à préparer la confiance & l'amour : cette disposition dominante à provoquer les délations, les rapports qui avilissent l'ame, qui font des esclaves loin d'élever les sentimens; de former des hommes & des hommes de Dieu reconnoissables au portrait qu'en fait le grand Apôtre : non, Monseigneur, vous le savez, tel n'est pas l'esprit, la méthode des enfans du Saint instituteur de la Mission; ils s'en tiennent aux avis que ce grand homme leur a laissés, que leurs ancêtres leur ont transmis, & que les plus heureux succès ont couronné dans les Séminaires dont Nosseigneurs les Evêques leur ont confié la direction, en leur laissant la liberté de les suivre; & ce sont ces succès plus permanens, plus solides que brillans qui engagent aujourd'hui vos plus respectables Collégues dans l'Episcopat, à demander des Directeurs formés par les exemples & les leçons de Saint Vincent de Paul, pour les mettre à la tête de leur Séminaire.

Une réflexion, Monseigneur, que vous n'omettrez pas encore d'opposer au faux zéle de mes lâches délateurs, & qui sert de base à tout bon gouvernement; c'est que la loi qui voudroit prévenir, écarter absolument toute espéce d'abus & de surprise, seroit elle-même le plus funeste de tous les abus & la plus pernicieuse de toutes les maximes, également proscrite par les grands maîtres de la religion & par les premiers Législateurs de la saine politique : mes accusateurs ne réussiront donc pas à vous prouver que l'administration de votre Séminaire a été impunément & sous vos yeux négligée depuis cinq ans, parce qu'à force de promesses, de menaces, d'interrogatoires sourdement accompagnés de tout l'appareil d'une odieuse inquisition, on aura extorqué de quelques bouches vénales ou de quelques sujets mécontens, l'aveu vrai, faux, ou exagéré de quelques mauvaises lectures, de quelques évasions nocturnes, & autres désordres furtifs, passagers qui auroient pour un temps échappé aux recherches de la surveillance; ces surprises paroîtront à votre sagesse toujours bien fâcheuses à la vérité, mais inévitables dans un Séminaire aussi nombreux que le vôtre. La Congrégation l'a bien senti, puisque pour les rendre plus rares depuis 1750 jusqu'à 1770, elle a successivement & gratuitement ajouté deux nouveaux Directeurs aux anciens, pour partager avec eux les fonctions du zéle & les détails de la vigilance, plutôt que de resserrer la rigueur des réglemens qu'elle a reçus des mains de son fondateur.

Vous l'avez senti vous-même, Monseigneur, dans le Séminaire Collége de Saint Claude. Cet établissement qui existe par vos bienfaits & qui est régi par vos loix, la sagesse qui en a dressé le plan, la vigilance qui en maintient la discipline, ont-elles opposé une barriere inaccessible aux abus? Aucun désordre n'a-t'il échappé au zéle des Directeurs? Moi-même, Monseigneur, j'en ai découvert sans les chercher, & après les avoir vérifiés, je n'en ai pas fait la matiere d'une impudente délation, j'en ai fait passer l'avis salutaire & on y a remédié : cette conduite a prouvé aux Directeurs de cette Maison, tous élevés sous mes yeux, ma confiance dans leur sagesse & la justice que je rendois à leur zéle.

Monseigneur, ce sera sûrement d'après des faits & des faits bien revêtus de toutes les preuves qui en assurent la vérité, que vous me jugerez sur cette invigilance coupable dont on m'a si lâchement accusé auprès de vous. Je vous connois trop, Monseigneur, pour craindre que, si votre délicatesse sur tout ce qui intéresse le devoir & la vertu vous avoit fait adopter avec trop de facilité peut-être, & sans y avoir apporté la pénible maturité de l'examen, les premieres notions du mal dont on s'est servi pour vous prévenir sur mon compte, vos opérations ultérieures soient à cet égard des conclusions peu réfléchies ou des jugemens précipités : eût-on même réussi à surprendre votre religion; revenir d'une erreur involontaire pour embrasser une vérité connue, ne sera jamais chose pénible à une ame aussi droite, aussi vertueuse que la vôtre.

Il est impossible, Monseigneur, que les accusations portées contre moi puissent reposer auprès de vous à l'ombre d'une crédulité avide de s'en nourrir. Ce ne sera pas de l'imputation même que vous partirez pour prononcer sur le sort d'un homme que vous avez daigné honorer de votre estime & de votre confiance, d'un homme qui vous fut attaché par des liens qu'il chérira toute sa vie : ce sera de la vérité des accusations & de la solidité des preuves mises dans la balance impartiale de votre équité. Eh! que vous paroîtront-elles ces accusations quand à l'examen vous ne les trouverez fondées, tout au plus que sur des apparences qu'une imagination hargneuse a cru saisir, ou sur des suppositions qui prendront leur source dans un caractere malfaisant? Car sûrement, Monseigneur, vous ne compterez pas parmi les preuves des torts qu'on m'impute, certains propos hazardés par méchanceté ou échappés à l'indiscrétion. Si je crois des rumeurs sourdes qu'on a affecté de répandre, on vous a déja dit, Monseigneur, ou l'on se prépare à vous dire qu'il m'est plus ou moins souvent arrivé de sortir de la maison & d'y rentrer assez avant dans la nuit; car je sais que la noire malice peut asseoir des calomnies mêmes sur des faits qui entrent dans l'ordre des obligations; je conviendrai de celui-ci, & je dirai à mon tour que livré aux fonctions du tribunal à l'exemple de tous mes prédécesseurs & selon le devoir de ma place, dans une maison à laquelle est réunie la plus grande Cure de votre Ville Episcopale, j'ai très-souvent été appellé & les soirs & les nuits près des moribonds & des malades, & je les justifierai par le témoignage des familles dans le ſein deſquelles j'ai porté les ſecours & les conſolations du miniſtere.

Me fera-t'on, comme on l'annonce, un crime des voyages peut-être trop fréquens que j'ai faits? ou ces voyages les empoiſonnera-t'on, en me prêtant pour les faire, des motifs incompatibles avec les occupations & les aſſiduités de la ſurveillance; mais ces voyages étoient encore exigés par l'inſpection que j'étois chargé d'exercer, ainſi que pluſieurs de mes prédéceſſeurs, ſur un grand nombre de nos établiſſemens en Champagne & en Bourgogne, ſans parler des Charités, des Hôpitaux confiés aux Filles de la Charité; mais enfin des voyages de pur délaſſement que la fatigue d'une pénible adminiſtration pourroit rendre néceſſaires; je ne ſais ſi dans l'eſpace de plus de huit ans, je m'en ſuis permis aucun hors le temps des vacances.

Fera-t'on obſerver à Votre Grandeur, comme on me menace encore que très-ſouvent on venoit me chercher au Séminaire ſans m'y trouver, & que ces abſences, quoique courtes & paſſageres, mettoient la régularité en ſouffrance & lâchoient la bride à la diſſipation, à la licence: mais je n'étois pas ſeul obligé à la ſurveillance; mais le Portier du Séminaire atteſtera que ſouvent il avoit ordre de m'épargner l'ennui que me cauſoient certains perſonnages, ou la diſtraction des viſites inutiles; mais les viſites les plus néceſſaires pouvoient concourir avec le temps où j'allois aſſez volontiers reſpirer l'air de la campagne, un livre de mon état à la main, & aux heures où les Séminariſtes étoient en ſalle. Mais un Supérieur de ſéminaire n'eſt pas un eſclave à la chaîne, & le Supérieur d'une maiſon chargé des fonctions curiales, a toujours des viſites de charité & de zéle, de miniſtere & de bienſéance dont il ne peut s'affranchir: qu'on le demande à toute la Ville, à toutes les ſociétés, ſi jamais j'ai paru dans une maiſon, dans une aſſemblée, dans un cercle même Eccléſiaſtique, où l'on puiſſe dire que j'ai été conſacrer à mes plaiſirs, des jours, même des heures que je devois à mes obligations.

Je ne ſais, Monſeigneur, ſi Votre Grandeur me pardonnera un ſi long détail dans une lettre dont le ſeul objet eſt de ſolliciter auprès de votre juſtice une réponſe à la premiere que j'ai eu l'honneur de vous écrire; cette réponſe, ſouffrez, Monſeigneur, que je vous le répéte, vous la devez à l'importance de la cauſe que je vous défere, à la nature des preuves que je vous offre, aux intérêts de la religion alarmée dont je ſuis le Miniſtre; aux ſervices de la Congrégation affligée dont je ſuis membre; à la multitude de ces jeunes Prêtres effrayés dont j'ai été l'inſtituteur; à l'édification des fidéles ſcandaliſés dont vous êtes le premier Paſteur, à l'attente & aux vœux empreſſés du Clergé reſpectable qui eſt votre couronne, votre joye, votre gloire, & qui m'honore de ſa confiance & de ſon eſtime, j'oſe l'ajouter de ſes regrets; enfin, vous la devez cette réponſe, à vous, Monſeigneur, & à votre propre gloire qui dans cette affaire m'intéreſſe auſſi ſenſiblement que ma propre réputation. J'ai l'honneur d'être avec le plus reſpectueux dévouement, &c.

TROISIÉME LETTRE.

Toul 21 Décembre 1772.

Monseigneur,

QUELQUES titres que j'aie pour espérer la réponse que je sollicite auprès de Votre Grandeur, je dois respecter les motifs de votre silence : je présume même de votre bonté & de votre sagesse, que vous daignez prendre quelque temps pour examiner avec plus de maturité les considérations générales que j'ai eu l'honneur de vous mettre sous les yeux dans mes deux lettres précédentes; c'est dans cette confiance que je continue aujourd'hui à soumettre à votre discussion les faits particuliers qui sont parvenus à ma connoissance. Cette affaire est de la derniere importance par elle-même & par ses rapports intimes avec les plus chers intérêts de la religion. Par sa nature elle vous réclame pour juge, Monseigneur, & quand la plus parfaite confiance dans vos lumieres ne m'auroit pas engagé à la soumettre à votre jugement, dans l'obligation indispensable où je suis de la suivre, je n'aurois pu, sans blesser les grandes régles & sans sortir de mon caractere, la déférer à un Tribunal étranger.

IL m'est douloureux sans doute, Monseigneur, de vous donner pour premier accusateur M. Daulnois, Curé de Neufchâteau; outre les égards que méritent les rapports qu'il a eu avec Votre Grandeur en qualité de votre Secrétaire; j'honorois sa personne, & ce ne peut être qu'à regret & pour les plus fortes raisons que je me permets de récuser, & même d'inculper son témoignage; mais avant que de déduire les motifs de ma récusation, souffrez, Monseigneur, que je vous mette l'accusation même sous les yeux : c'est à M. Drouas qu'il écrit dans les termes suivans.

» *J'AI été touché, on ne peut pas plus, de ce que j'ai appris, après » vous avoir quitté dans mon dernier voyage à Toul, du dérangement » de la plûpart des Séminaristes, & pour la religion & pour les mœurs.* » Comme cela est de la derniere importance, je vous prie, Monsieur, » pour le bien du Diocése & de la religion, d'employer tout votre » zéle pour vous assurer des *désordres qui y régnent*, afin de pouvoir » y apporter quelque reméde : je n'en parle pas à Monseigneur dans » la lettre que je lui écris; mais je m'adresse à vous avec confiance. » L'écart de l'Abbé Epril & de ses compagnons n'est pas unique, *& » l'on m'a assuré que toutes les fois que les Séminaristes alloient à Bruley, » plusieurs s'échappoient & passoient les nuits entieres hors du Séminaire; » on m'a même assuré qu'un très-grand nombre n'avoit pas de religion :* » c'est cependant à ces sortes d'Ecclésiastiques que l'on confiera dans » quelques années le soin des ames & le gouvernement des Paroisses.

Je

» Je frémis lorſque j'enviſage les maux qui déſoleront le Diocéſe. Si » ce que j'ai appris eſt vrai, vous pourriez avoir quelques connoiſ- » ſances des pieux Séminariſtes, s'ils veulent parler.

Cette lettre miſe ſous les yeux de Votre Grandeur, paſſa entre les mains de M. Holleville, qui ne me la remis que vers le ſoir & la veille de ſon départ : elle eſt ſans date & ſans ſignature; l'inſcription ne porte, ni le timbre de la poſte, ni la marque qu'on a coutume de mettre dans cette Province ſur les lettres envoyées; *par exprès :* les deux premieres lignes ne démontreroient pas qu'elle n'a été ni ſuggérée, ni écrite à Toul. Quoiqu'il en ſoit, comme on me fit un myſtere du nom de ſon auteur, je fus pluſieurs mois ſans pouvoir le découvrir, & je ne dois qu'à la providence l'occaſion qui m'en procura la découverte.

Monseigneur, je ne me propoſe pas encore de diſcuter ſous vos yeux la vérité ou la fauſſeté de l'accuſation; je ſupplie ſeulement Votre Grandeur de prêter pour un moment ſon attention à l'importance & à l'étendue des griefs qu'elle renferme : ce ne ſont pas quelques Séminariſtes qui échappent furtivement à la vigilance de leurs Directeurs, qui paſſent à la dérobée quelques nuits hors du Séminaire, ce ſont *pluſieurs* d'entr'eux qui ſont coupables de ces évaſions nocturnes; & ces évaſions nocturnes arrivent, non une fois ou deux, mais *toutes les fois* que les Séminariſtes vont à Bruley, c'eſt-à-dire, deux fois par ſemaine pour le grand & le petit Séminaire : d'autre part ce ſont des déſordres *qui régnent* dans le Séminaire, & qui infectent *la plûpart* des Séminariſtes, *au point que le très-grand nombre* même *n'a pas de religion.*

Une délation auſſi grave par ſon importance & par ſon objet, qu'elle eſt effrayante par la durée & l'étendue des déſordres qu'elle articule, demandoit les plus exactes recherches pour en découvrir la vérité, & des preuves ſolides pour en aſſurer la certitude. J'écrivis à M. Daulnois pour le prier de m'en donner quelqu'une : comme ſa réponſe m'en offroit ſans m'en fournir une ſeule, j'inſiſtai pour en obtenir par les voyes les plus modérées, mais les plus preſſantes, juſqu'à promettre une entiere déférence au témoignage d'un ſeul *homme publiquement reconnu honnête & déſintéreſſé.* Cette ſeconde lettre ne me procura pas une réponſe plus ſatisfaiſante que la premiere. Pour preuve d'une accuſation faite à la fin de Juillet, on ne me produiſit que des prétendues découvertes du mois de Novembre ſuivant; encore ces découvertes n'établiſſoient, ni la réalité, ni l'étendue, ni la durée des déſordres qu'on ſuppoſoit *régner* dans le *très-grand nombre* ou la plûpart des Séminariſtes. Je revins à la charge, & pour détruire les ſingulieres allégations dont on vouloit me payer, & pour obtenir la preuve qu'on ne ~~laiſſoit~~ pas de m'offrir ſans me la donner, + ſe paſſoit – ſans m'écarter des bornes de la modération que je m'étois preſcrite, je ne diſſimulois pas à M. Daulnois le déſeſpoir où je ſerois de le regarder déſormais comme un muet volontaire dont le ſilence perſévérant ſur la preuve de ſes accuſations, démontreroit l'impuiſſance abſolue de prouver ce qu'il avoit inconſidéremment avancé : & c'eſt néanmoins le parti qu'il a cru devoir prendre en laiſſant ma lettre ſans réponſe; car, Monſeigneur, je ne regarde pas comme une réponſe un profane & mépriſable tiſſu de ſarcaſmes amers, de textes ſacrés, pour le moins très-déplacés dans une lettre de cette eſpéce.

TELLE eſt dans la plus grande exactitude la ſuite de mes procédés envers le Curé de Neufchâteau, de mes inſtances réitérées pour obtenir à l'amiable une réponſe catégorique, & de ſes refus perſévérans de l'accorder. Ce ſilence, Monſeigneur, vous paroîtra fort énergique dans les circonſtances favorables où mes invitations & mes offres plaçoient M. le Curé de Neufchâteau. Fût-il ſeul ce ſilence, à parler à votre juſtice, ſon langage ſe feroit ſûrement entendre à votre cœur; mais j'ai beaucoup plus encore à vous mettre ſous les yeux & à ſoumettre aux lumieres pénétrantes de votre ſageſſe.

M. DAULNOIS ne ſe donne pas pour un témoin oculaire; il n'a pas vu ce qu'il raconte, il n'appuye ſon témoignage que ſur des rapports étrangers. Qui ſont les garans des faits qu'il dénonce? Point d'autres que deux Séminariſtes de ſa Paroiſſe, deux victimes immolées à la juſte ſévérité de la diſcipline, l'un pour le cas des mauvaiſes lectures, l'autre pour le fait des ſorties nocturnes : au moins j'ai prié, ſollicité, conjuré M. Daulnois de me produire le témoignage d'un ſeul homme honnête & déſintéreſſé, ſans même lui en demander le nom, & ſous les promeſſes expreſſes de m'y rendre; il n'a pu m'en procurer, puiſqu'il ne l'a pas fait; encore une fois ſon ſilence opiniâtre devient la preuve de ſon impuiſſance.

PAR quel motif ſe porte-t'il à faire une auſſi grave délation? Vous croiriez, Monſeigneur, & M. le Curé de Neufchâteau a d'abord voulu le faire croire, qu'il n'étoit animé que par des vues de zéle pour le bien de la religion & du Diocéſe; point du tout, Monſeigneur, & il avoue lui-même dans une de ſes réponſes, que *le déſagrément qu'il a eu de voir un de ſes Clercs chaſſé avec pluſieurs autres pour ce fait* (d'une eſcalade nocturne) *l'engagea à l'en avertir* (M. Drouas) *pour veiller ſur cet objet* : dans une autre réponſe, il convient que c'eſt *dans l'excès de ſa douleur occaſionnée par l'expulſion de ſon paroiſſien avec pluſieurs autres, qu'il a expoſé à M. Drouas les motifs de ſa crainte.* Elle n'étoit donc pas cette lettre & cette crainte uniquement excitée par l'amour de la religion & le zéle du bien, puiſque *le déſagrément, la douleur exceſſive* d'une expulſion ſi juſtement méritée y avoit tant de part : un déſagrément de cette nature, une douleur de cette force décélent dans le cœur une impreſſion violente de dépit, une diſpoſition manifeſte à la repréſaille : je l'avois fait obſerver à M. Daulnois qui ne s'en eſt pas défendu. Cette obſervation, Monſeigneur, n'échappera pas à la plus légere attention; votre ſageſſe en découvrira toute la force, & votre juſtice ſaura réduire à ſa juſte valeur un témoignage revêtu de ſi odieux caracteres.

JE n'ai pas trop fortement inſiſté auprès de M. Daulnois ſur les circuits, les caſcades, les détours d'une plainte qui naturellement devoit m'être directement adreſſée, & qui ne me parvint néanmoins qu'après avoir paſſé ſous les yeux de Votre Gandeur, entre les mains de M. Holleville, par le canal indirect de M. Drouas : vous vous rappellez sans doute, Monseigneur, les régles pleines de sagesse que Votre Grandeur a établies dès les premieres années de son Episcopat, & dont vous avez maintenu jusqu'aujourd'hui l'entiere observation ; c'est qu'on doit s'adresser à vous seul pour tout ce qui peut concerner l'administration de votre Séminaire, & qu'aucun autre ne doit s'en mêler. M. le Curé de Neufchâteau pouvoit ignorer ce réglement fondé sur les plus solides considérations : se défendre sur l'ignorance d'une régle si ancienne & si bien connue de votre Diocése, auroit peut-être été chose assez singuliere ; mais enfin telle défense auroit pu paroître suffisante pour justifier le recours d'un Curé à M. Drouas, recours néanmoins qui sembloit d'ailleurs me supposer ou complice ou fauteur des désordres dont on se plaignoit.

Pourquoi donc dans la réponse M. Daulnois va-t'il s'entortiller & me dire d'une part qu'*il s'étoit plaint* à M. Drouas, *pensant bien que j'en serois informé ?* De l'autre, qu'il ne *s'étoit pas adressé à moi, parce qu'on l'avoit assuré que j'étois sur le point de retourner à Paris.* Je vous avoue, Monseigneur, que l'obliquité, l'embarras de toutes ces défaites m'ont paru fort suspectes ; ce n'est pas là, je pense, ni le langage, ni la marche de la sincérité & de la droiture ; & dans la suite je prouverai que mes soupçons n'étoient pas mal fondés.

Mais, Monseigneur, ce qui vous paroîtra passer les bornes du soupçon même le plus raisonnable dans les réponses de M. Daulnois, c'est une réflexion bien simple qui résulte de ses propres aveux, & qui énerve absolument toute la force de son témoignage : vous ne l'ignorez certainement pas, Monseigneur ; un témoin auriculaire qui n'atteste que ce qu'il a entendu, s'il ne peut, par modération ou par charité, atténuer les griefs qu'on lui a rapportés, il ne peut, ni en justice, ni en honneur, aggraver les rapports qu'on lui a faits. A cet égard il ne doit être qu'un écho fidéle pour répéter ce qu'il a entendu ; jamais il ne doit enchérir sur le témoignage étranger qui sert de base à son récit : ce qu'il ajoute du sien sans le désigner, rend son témoignage entiérement récusable, sur-tout lorsque de lui-même il le fait passer par des variations qui embrouillent, qui dénaturent ces faits au point de ne savoir plus à quoi s'arrêter pour en démêler la vérité & en acquérir la preuve. Telle est néanmoins, Monseigneur, & il vous sera facile de vous en convaincre par vous-même, telle est la marche de M. le Curé de Neufchâteau dans les deux chefs d'accusation qu'il a formés contre le Séminaire : & d'abord les sorties & les absences nocturnes qui font le premier chef, combien de fois arrivoient-elles ? Selon sa premiere lettre à M. Drouas, elles arrivoient *toutes les fois* que les Séminaristes alloient à Bruley ; elles arrivoient *à plusieurs Séminaristes.* Dans la seconde lettre ce ne sont plus que des *Séminaristes qui s'échappent du Séminaire*, & qui passent les nuits en Ville ; il n'est plus question ni du nombre de fois qu'arrivent ces échappées, ni du nombre des Séminaristes à qui elles arrivent, ni de la circonstance particuliere où l'on supposoit qu'elles étoient arrivées ; il y a plus encore dans la troisiéme lettre, & M. Daulnois veut bien convenir que si *son expression au sujet des sorties des Séminariſtes qui paſſoient les nuits hors du Séminaire toutes les fois qu'ils alloient à Bruley eſt trop forte, cela peut être :* mais ſi cela peut être, M. Daulnois peut donc avoir enchéri dans ſa plainte ſur le récit qui lui a été fait : mais ſi ſon expreſſion eſt trop forte, comme il avoue que cela peut être, le témoignage qu'il a rendu ſur ce fait n'eſt donc pas admiſſible, il ne pouvoit rien ajouter à ce qu'il avoit entendu, ſans dire ce qu'il ne ſavoit pas, puiſqu'il ne ſavoit que ce qu'on lui avoit rapporté : or, Monſeigneur, dès qu'il ne veut plus me répondre, je vous ſupplie de le lui demander à lui-même; qu'a-t'il appris ſur le nombre, la durée, la circonſtance de ces ſorties nocturnes? Eſt-ce un témoin digne de foi qui lui en a fait le rapport?

MÊME reproche & reproche auſſi triomphant contre les prétendus déſordres qui *régnoient au Séminaire*, & qui infectoient *la plûpart des Séminariſtes*, au point que le *très-grand nombre n'avoit pas de religion.* Cette accuſation eſt atroce à la vérité, mais auſſi elle eſt ridicule juſqu'à devenir incroyable. M. le Curé de Neufchâteau l'a ſenti, & quelque claire, quelque préciſe qu'elle ſoit, il prétend dans ſa réponſe à ma premiere lettre en développer le véritable ſens : vous ne croirez pas le témoignage de vos yeux, Monſeigneur, quoique je vous rapporte ſes propres paroles, ce qu'il a voulu dire ſur cet objet, c'eſt *que dans le Séminaire on liſoit les plus abominables productions de l'impiété.* Ce qu'a voulu dire M. Daulnois n'eſt aſſurément que trop grave, & j'établirai qu'il l'a dit ſans vérité & ſans preuve; mais ce qu'il vouloit dire étoit certainement fort au-deſſous de ce qu'il diſoit, & ſans le commentaire que préſente ſa ſeconde lettre, il étoit impoſſible de ne ſe pas tromper ſur le ſens de la premiere. En effet, avoir appris en général qu'au Séminaire on liſoit les plus abominables productions de l'impiété, eſt-ce formellement avoir appris que la plûpart des Séminariſtes étoient dérangés pour la religion & pour les mœurs, que le très-grand nombre n'avoit pas de religion? De ces deux aſſertions, l'une peut devenir la ſuite de l'autre; mais il eſt évident que l'une & l'autre ne ſont pas la même choſe, ſur-tout dans la bouche d'un témoin auriculaire qui ne doit rapporter que ce qu'il a entendu, & qui dans une ~~diſpo~~ſition auſſi importante doit ſe faire un point de religion & d'honneur, de s'aſſervir aux expreſſions mêmes de ceux dont il prétend avoir appris ce qu'il raconte : vouloir échapper aux reproches d'exagérations & d'infidélité par une auſſi ridule défaite, n'eſt-ce pas infirmer ſon propre témoignage, & ſe livrer à la plus juſte cenſure?

+ depoſition

CE n'eſt donc plus ici, Monſeigneur, le même fait déféré d'abord par M. le Curé de Neufchâteau à M. Drouas; le fait circonſtancié du dérangement de la plûpart des Séminariſtes pour la religion & pour les mœurs, le fait énorme des déſordres qui régnoient au Séminaire où le très-grand nombre n'avoit pas de religion; c'eſt une accuſation toute nouvelle qui porte ſur l'objet vague & indéfini *des plus abominables productions de l'impiété qui ſe liſent impunément au Séminaire.* A la vérité cette accuſation n'eſt encore que trop grave, & ſi elle étoit fondée, elle provoqueroit les plus juſtes effets de votre indignation

contre

contre les Directeurs de votre Séminaire ; mais accusation fausse & convaincue de fausseté, même par la nature des preuves qu'on employe pour l'établir.

M. DAULNOIS qui n'en avoit d'abord allégué aucune, prétend que je lui en ai fourni une nouvelle par le récit de la punition exercée contre le Sieur Guinot, Diacre de sa Paroisse, pour avoir copié de sa main & prêté à un Séminariste un recueil d'airs & de chansons deshonnêtes. Cette découverte suivie d'un châtiment exemplaire, déposera sans doute à votre tribunal en faveur de la vigilance & du zéle des Directeurs du Séminaire; M. Daulnois ne vous persuadera jamais qu'elle fournisse une nouuelle preuve, pour établir qu'au Séminaire on lisoit, & on lisoit impunément, comme il l'assure, les plus abominables productions de l'impiété.

LES faits qu'une main étrangere lui a fournis ne prouvent pas mieux la vérité de son assertion; il produit une lettre enlevée chez un jeune Prêtre & un manuscrit d'un des derniers Diacres. Quelle preuve, Monseigneur, que deux piéces & deux piéces composées, trouvées saisies hors du Séminaire, pour établir qu'au Séminaire on lisoit impunément des mauvais livres! En administrant ces deux faits au Curé de Neufchâteau pour étayer son accusation, on auroit dû lui confier deux anecdotes qui n'ont certainement pas échappées à votre mémoire, Monseigneur, on auroit dû lui dire que ce jeune Prêtre qui a pu se déranger pendant l'année entiere depuis sa prêtrise, sans que le Séminaire en soit comptable, avoit été exclu pour toujours du Séminaire, & successivement promu aux saints Ordres sans l'aveu de ses Directeurs : on auroit dû lui ajouter que le Diacre avoit inspiré des inquiétudes dont le Séminaire rendit compte, dans le temps qu'il fut renvoyé sous la conduite de son Curé, l'un des plus éclairés & des plus vertueux de votre Diocése, dont le témoignage décida seul de son ordination, qu'ainsi son prétendu déisme & le manuscrit qu'on a trouvé chez lui, sont aussi étrangers au Séminaire que son ordination & celle du jeune Prêtre qu'on lui assimile.

LA liste des preuves fournies au mois de Décembre pour relever les ruines d'une accusation du mois de Juillet, offre encore *six exemplaires de la nouvelle Eloïse qui ont été colportés dans le Séminaire & saisis entre mains d'un Sous-diacre . . . les Œuvres de Voltaire, le Dictionnaire philosophique, &c. qu'on lisoit impunément.* Voilà, dit-on, *des faits indubitables;* & moi, Monseigneur, j'ose assurer que ce sont des calomnies atroces, & j'en ai la preuve : il est vrai que moi-même j'ai arrêté & saisi à la porte du Séminaire un exemplaire de la nouvelle Eloïse en six parties, & que le Séminariste qui n'étoit pas Sous-diacre a été renvoyé sur le champ & chassé pour toujours : il est encore vrai que cette découverte a redoublé l'attention & la vigilance des Directeurs, & que les plus exactes perquisitions, quoique propres à calmer leurs inquiétudes n'ont pas ralenti leur zéle : je ne sais de quel Sous-diacre on veut parler; si c'est de M. ***, vous, savez, Monseigneur, ce qu'il est devenu après avoir été renvoyé du Séminaire. (*) Vous ſavez encore la réſiſtance invincible que j'ai oppoſé à ſes démarches pour y rentrer; & M. Georgel doit ſe rappeller que je lui ai communiqué ſur la conduite de ce jeune homme, des faits qui n'étoient arrivés des découvertes qui ne m'étoient parvenues, que depuis ſa ſortie du Séminaire.

ENFIN, Monſeigneur, pour prouver que les plus mauvais livres ſe colportoient & ſe liſoient impunément au Séminaire, on fait parler M. le Curé de Neufchâteau *des parties de vin*, de je ne ſais *quelle ſociété*, dont on prétend que l'exiſtence eſt conſtatée par l'aveu de cinq coupables. Il eſt certain qu'il y a eu quelques parties de vin qu'on a découvert & qu'on a puni par l'expulſion des coupables, & d'un Portier qui les favoriſoit. Ce fait n'établit, ni l'invigilance des Directeurs, ni *l'incrédulité* des Séminariſtes, il prouve une de ces ſurpriſes paſſageres qui ſont quelquefois inévitables, mais qui ne demeurent jamais impunies. Quant à la ſociété & aux cinq coupables, je n'en ai pas la plus légere idée : les rumeurs populaires annoncent quelques queſtions propoſées & quelques réponſes faites ſur une académie ou ſociété de Téleme, (**) dont le public n'a connoiſſance que par les contes de Rabelais. La main qui a fourni ces anecdotes à M. le Curé en a ſans doute acquis la preuve, & je compte la mettre inceſſamment dans l'obligation de l'adminiſtrer à Votre Grandeur, pour établir, comme on le doit, qu'il éxiſtoit au Séminaire une ſociété de déiſme & de libertinage préſenté dans cet écrit comme les proueſſes de mon gouvernement.

J'AI l'honneur d'être avec le plus reſpectueux dévouement, Monſeigneur, &c.

P. S. Si Monſeigneur l'ordonne, j'aurai l'honneur de lui faire paſſer une copie des écrits cités dans cette lettre.

(*) Ce Sous-diacre a été admis au Séminaire Saint-Claude en qualité de répétiteur, ordonné Diacre quinze jours après, envoyé à Sens pour y faire une année de Séminaire, & y être ordonné ſur le ſuffrage du Supérieur & l'agrément de Monſeigneur l'Evêque de Toul.

(**) Téleme, en grec, ſignifie *volonté*; en hébreu, *ſillon de labourage*; en latin, *porca*; d'où l'on a conclu que c'étoit une ſociété d'infamie; & *porca* qui correſpond à l'hébreu ne veut dire que ſillon, trace que la charrue laiſſe après elle, comme il paroît par le livre de Job...

QUATRIÉME LETTRE.

Paris le 6 de 1773.

Monſeigneur,

D'APRÈS les faits que j'ai mis ſous vos yeux & les preuves que j'ai entre les mains, vous ne pouvez douter qu'il n'exiſte contre les Eleves & les Directeurs du Séminaire une accuſation qui réclame l'exercice de votre juſtice, contre les accuſateurs, s'ils ont calomnié, ou contre les accuſés, s'ils ſont coupables. L'objet de cette accuſation ne laiſſe aucun lieu à ces tempéramens que la prudence ſuggere quelquefois, pour faire retomber certaines délations dans l'obſcurité d'où elles ſont ſorties, ou les abandonner au mépris qu'elles méritent. Les accuſateurs eux-mêmes ont enlevé cette reſſource à votre ſageſſe, par l'appareil éclatant qu'ils ont donné à leurs démarches dans toute la ſuite de cette malheureuſe affaire : je n'ai pas cru devoir les imiter, & je voudrois être à temps d'étouffer dans le ſein de votre prudence les ſcandales ſur leſquels on a paru affecter de répandre le plus grand jour.

Je dis des ſcandales, & l'expreſſion ne vous paroîtra pas trop forte, Monſeigneur, lorſque vous voudrez bien vous rappeller qu'à votre inſçu, ſans doute, & ſans votre aveu, on a mendié des témoignages, propoſé des queſtions, ſollicité des perſonnes pour établir *le dérangement de la plûpart des Séminariſtes dans la religion & dans les mœurs* ; Séminariſtes *dont le très-grand nombre n'avoit pas de religion*, accoutumés à des ſorties fréquentes qui *leur faiſoient paſſer les nuits entieres hors du Séminaire*, familiariſés *avec les plus abominables productions de l'impiété, qui ſe colportoient, qui ſe liſoient impunément* parmi eux : ſéminariſtes dont on n'a pu vous préſenter un portrait auſſi affreux & auſſi révoltant, ſans noircir cruellement à vos yeux la religion même des Directeurs, en les rendant complices de toutes ces horreurs, au moins par leur connivence.

Cette conſéquence, Monſeigneur, réſulte néceſſairement de la nature même des faits, & Votre Grandeur en ſentiroit toute la juſteſſe, quand je n'aurois d'ailleurs aucune autre preuve à vous en fournir : mais pourquoi dans les divers interrogatoires qu'on a fait prêter, a-t'on dit en particulier, que M M. Leclerc & Dubracq étoient deux déiſtes ? Qu'on ne paſſeroit pas légérement les Séminariſtes de ma façon, & qu'on y regarderoit de près ? Pourquoi a-t'on demandé ſi je diſois du Bréviaire, ſi je ne prêtois pas des livres défendus ? Tous ces propos ont été rendus par les perſonnes mêmes qui prétendent qu'on les leur a tenus. Ne dois-je les regarder que comme des bruits populaires qui ne méritent aucune créance ? Je voudrois de toute mon ame pouvoir en porter ce jugement ; je les rangerois parmi ces rumeurs qui ne ſont que mépriſables à force d'être abſurdes, ſi M. Drouas n'y avoit mis en quelque ſorte le ſceau de la confirmation, dans une lettre qu'il a écrite le 12 Novembre dernier, bien différente de la premiere que j'ai déférée à votre juſtice, Monſeigneur, & qui m'a été remiſe ſans ſignature & ſans date ; celle-ci eſt datée du 12 Novembre 1772, & ſigné *Drouas, V. G.* la probité, la religion de l'homme vertueux qui me l'a confiée, vous ſont particuliérement connus. Pour me la remettre il a moins conſulté les ſentimens de ſon amitié pour moi que les impreſſions de ſon zéle pour la défenſe d'un innocent ſi cruellement opprimé. Si la lettre a été interceptée, je vous déclare hautement, Monſeigneur, que loin d'avoir aucunement concouru, participé, ou conſenti à cette infidélité, je la blâme & je la condamne, malgré tout l'avantage qu'elle me donne ſur mes accuſateurs.

JE ne sais, Monseigneur, à quels chefs j'ai démérité auprès du nouvel accusateur, qui me force malgré moi de le déférer au tribunal de votre justice. J'ai rempli envers lui tout ce que le devoir exigeoit de moi, & je l'ai rempli avec inclination. Je n'ai rien omis de tout ce que la bienséance pouvoit me permettre pour lui marquer le désir que j'ai toujours eu de vivre avec lui dans l'intelligence & la déférence convenable. On jugeoit même que j'en faisois trop, lorsque de mon côté je pensois n'en faire jamais assez pour y parvenir. L'inutilité de mes efforts ne trouvoit de dédommagement que dans l'assiduité de mes intentions, & la sincérité de mes avances. Je n'avois pour me tranquilliser que le témoignage de mon propre cœur, & la vue de plusieurs vertueux Ecclésiastiques qui n'avoient pas mieux réussi que moi : vous les aviez appellé à votre secours, Monseigneur, vous les aviez revêtu des premiers titres d'honneur & de confiance, & honoré des témoignages les plus flatteurs de bienveillance & de bonté. Des liens si précieux à leurs yeux, & si chers à leur cœur, n'ont pû les attacher au service de Votre Grandeur dans le gouvernement de votre Diocése : obligés à se retirer dès les premiers mois de leur arrivée, ils emportoient du moins avec eux les seuls biens dont ils pouvoient être jaloux, votre estime & leur honneur : je n'ambitionnois que cet avantage, & je me flattois de l'avoir mérité par des travaux, des efforts, qui pendant près de neuf ans avoient annoncé de la bonne volonté & du zéle : mais, non, Monseigneur, je me faisois à moi-même la plus grossiere illusion ; & s'il en faut croire M. Drouas, je ne dois pas être bien flatté de *mes prouesses* dans votre Séminaire, *on s'en souviendra long-temps*.

TOUTE votre religion, Monseigneur, révoltée sans doute à la vue d'un outrage de cette nature, vous rappellera les assurances que vous avez eu la bonté de me donner, d'être le premier à me défendre, si quelqu'un avoit la témérité de m'attaquer : c'est dans cette confiance que j'ose vous mettre sous les yeux la lettre où je suis si cruellement calomnié, elle suffiroit seule pour répandre la plus profonde amertume sur le reste de mes jours, si je ne devois pas me promettre de votre équité & de votre sagesse une satisfaction proportionnée à l'atrocité de l'offense.

» NOUS sommes, Monsieur, écrit M. Drouas, à la découverte » de nos déistes du Séminaire, nous sommes même sur les voyes » d'une maniere sûre : nous en tenons déja trois, dont malheureuse- » ment un est Prêtre de cette année. Nous venons de recevoir des » preuves par écrit des abominations d'esprit & de cœur qui se sont » passées au Séminaire depuis deux ans : nous avons hier reçu des » plaintes cruelles, & elles ont été renouvellées par une lettre » d'aujourd'hui, qui nous annonce qu'on doit imposer les mains à » plusieurs de cette secte à Noël prochain, si on n'y prend garde. » Vous nous avez écrit pendant l'été à ce sujet, vous en avez parlé » à Sa Grandeur à Nancy dans ce temps : voudriez-vous bien me » marquer l'ordinaire prochain, s'il vous plait, d'où vous avez sçu » ce qui se passoit & ce qu'on vous en a dit, soit en général, » soit

» soit en particulier, & qui sont ceux qui vous ont instruit. Nous » sommes ici à même de profiter des plus légeres circonstances pour » découvrir les partisans de la secte : Lundi prochain doivent arriver » sept acteurs principaux ; nous sommes prévenus qu'un certain » Diacre absent sait beaucoup de choses, il est mandé. Aidez-» nous, M. à préserver le troupeau . . . vous ne serez pas compromis, » je vous l'assure, remarquez que ce que nous demandons intéresse la » gloire de Dieu & le bien public. J'attendrai votre réponse avec » impatience : M. Brocquevielle doit être bien peu flatté de ses » prouesses au Séminaire, on s'en souviendra long-temps.

D'APRÈS cette lettre, Monseigneur, je ne demande pas à M. Drouas quelles sont *ces prouesses* dont je dois être si peu flatté, & dont on se souviendra long-temps. *Des abominations d'esprit & de cœur* qui se sont passées depuis deux ans au Séminaire. Une *secte de jeunes déistes*, qui a provoqué *des plaintes cruelles*, & dont on prétend avoir déja découvert tant de *partisans*. Non, ce ne sont pas là seulement les fruits malheureux de mon désœuvrement ou de mon indifférence, les funestes effets de ma connivence ou de mon insensibilité; ce sont *les prouesses* de mon gouvernement, & sans ajouter à la force de cette expression, ne pourroit-on pas en inférer que *depuis deux ans*, je n'ai paru à la tête de votre Séminaire que pour y former des déistes, & leur inspirer les maximes de l'irréligion & du libertinage? Je ne sais, Monseigneur, si l'on *se souviendra long-temps* de moi dans votre Diocése; mais je sens à quel point il m'importe qu'on n'en conserve pas l'affreux souvenir qu'annonce M. Drouas en terminant sa lettre.

JE ne lui demande pas pourquoi l'ordination générale, promise pour les Quatre-temps de Noël dernier, a été indistinctement suspendue pour tous Eléves de votre Séminaire. Des considérations dignes de votre sagesse vous ont sans doute déterminé à laisser au nouveau Supérieur & à ses Collégues le temps de connoître par eux-mêmes les sujets qu'ils devoient présenter à l'imposition des mains. Mais selon M. Drouas, cette précaution si sage étoit commandée par un motif bien plus puissant : il avoit reçu *une lettre qui lui annonçoit qu'on devoit imposer les mains à plusieurs de cette secte, si l'on n'y prenoit garde.*

Je ne lui demande pas quel est cet Ecclésiastique qu'il assure *avoir écrit pendant l'été au sujet du déisme du Séminaire, & en avoir parlé dans le même temps à Votre Grandeur;* mais je sais bien que cet Ecclésiastique a formellement protesté qu'il n'avoit jamais ni parlé, ni écrit du prétendu déisme du Séminaire, & qu'il *est prêt d'affirmer sous les sermens les plus redoutables que jamais il n'a rien dit qui ressemblât à ce qu'on lui impute* (*).

(*) Voici ce qu'écrit cet Ecclésiastique. . . .
„ Ce n'est donc pas seulement avec vérité, mais avec l'évidence de la vérité que j'ai „ l'honneur de vous répéter, Monsieur, que jamais je n'ai dit, ni écrit à M. l'Evêque, ni à „ personne autre pendant l'été, & avant les deux lettres qu'on m'a écrites, des 26 Novembre „ & 5 Décembre dernier, qu'il y avoit dans le Séminaire des sentimens, je ne dis pas „ abominables, tels qu'ils le seroient, si les bruits étoient fondés, mais même seulement

Je ne lui demande pas quel eſt ce *certain Diacre* qu'on lui a dit *ſavoir beaucoup de choſes*, & qui a été *mandé*. Le lâche délateur que M. Drouas a ſi gracieuſement accueilli, juſqu'à lui donner pendant deux jours, le toit, le lit & la table, eſt préciſément ce même ſujet qui a été puni pour avoir copié de ſa main & prêté à un autre des chanſons deshonnêtes; ce Diacre dont l'ordination a été différée juſqu'ici, parce que ſa conduite préſente n'a jamais calmé les anciennes inquiétudes qu'il avoit inſpirées; ce Diacre qui a plus d'une fois abuſé à Toul & à Neufchâteau d'une confiance dont il n'étoit pas digne, pour noircir des protecteurs qui l'ont comblé de bienfaits, & des confreres dont il auroit dû imiter les exemples; ce Diacre en un mot que Votre Grandeur a ſi bien caractériſé, en le traitant *de brouillon*. Etoit-ce à une pareille ſource que M. Drouas devoit ſe promettre de puiſer la vérité?

Je ne lui demande pas à quel terme l'ont conduit *les voyes* où il croyoit marcher d'une maniere *ſûre* pour aller à la découverte *d'une ſecte de déiſtes* que ſon imagination enfantoit dans votre Séminaire; que ſont devenus *les ſept acteurs principaux* de cette ſecte, qui n'a jamais exiſté que dans ſa lettre, tandis qu'il faiſoit les derniers efforts pour ouvrir la porte du Séminaire à pluſieurs mauvais ſujets qui en avoient été récemment chaſſés pour des fautes graves & avérées, & qui ſeroient néanmoins rentrés dans la bergerie, ſans l'invincible réſiſtance de deux anciens Directeurs?

Toutes ces queſtions que je pourrois faire à M. Drouas, naiſſent du fond même de ſa lettre rapprochée de ſes propos, de ſes procédés, de toute ſa conduite. Je les ſoumets avec confiance, Monſeigneur, aux lumieres de votre ſageſſe; je ſouſcris d'avance au jugement qu'en portera Votre Grandeur, & je me borne au ſeul article qui m'eſt perſonnel. Je n'examine pas même s'il renferme tout le fiel du ſarcaſme le plus inſultant, ou toute la malignité de la plaiſanterie la plus cruelle. Je veux n'y appercevoir que l'importance d'une accuſation grave, & par la nature de ſon objet, & par la qualité de ſon auteur. Une accuſation de cette force eſt néceſſairement pour moi un titre pour en demander la preuve, ou pour en pourſuivre la réparation. Je voudrois qu'en matiere de religion il me fût auſſi poſſible de diſſimuler l'imputation, qu'il m'eſt facile de pardonner l'injure; je ne me contenterois pas de la pardonner, je l'oublierois même, ou je ne m'en ſouviendrois qu'aux pieds de Jeſus-Chriſt mourant, & de l'inſtrument adorable de ſa mort, pour adopter ſes expreſſions, prendre ſes ſentimens & ſuivre ſes exemples. Mais ce divin modéle m'apprend qu'une accuſation qui attaque ma foi, & qui met

---

„ condamnables : ſoyez ſûr que ſi j'avois eu à en croire de pareilles, & même ſeulement à „ en craindre ou à en ſoupçonner, je ne me ſerois pas contenté d'en gémir, je m'en ſerois „ plaint ouvertement, d'abord à vous, Monſieur, enſuite, s'il eût été néceſſaire, à Monſeigneur, „ vous voyez donc ſenſiblement, Monſieur, que ces papiers où vous me mandez que vous „ avez trouvé mon nom, quelque ſignés qu'ils ſoient, ne peuvent que vous jetter dans l'erreur. . . . Je me fais un plaiſir de vous renouveller les expreſſions de mes ſentimens de „ vénération & d'eſtime, je ne dis pas ſeulement pour vos talens & vos lumieres, mais pour „ l'intégrité de votre religion & de vos mœurs, &c.

des abominations au nombre de mes *prouesses*, réclame tout mon zéle pour la repousser & m'en défendre.

C'EST uniquement dans cette vue, Monseigneur, & Dieu m'en est témoin, c'est pour remplir l'obligation qu'il m'impose lui-même de venger ma religion & mon honneur si cruellement offensés, que j'intéresse toute votre justice & toute votre sagesse à prononcer sur l'inculpation que je défere au tribunal de votre Grandeur; si M. Drouas en a la preuve, il doit la produire. S'il m'a calomnié, il me doit une réparation. Je n'ignore pas les voyes qui me sont ouvertes pour me la procurer; mais je ne veux la tenir que de votre main, & en ne la cherchant que dans votre cœur, je choisis la voye la plus conforme à la trempe de mon caractere, à la décence de mon état, à ma confiance dans votre équité, à mon zéle pour votre gloire, & au dévouement très-respectueux avec lequel j'ai l'honneur d'être, &c.

CINQUIÉME LETTRE.

Paris le 10 Janvier 1773.

Monseigneur,

PÉNÉTRÉ de la plus ferme confiance dans les lumieres de votre sagesse & dans les mouvemens de votre justice, je me suis contenté jusqu'ici de vous déférer les lâches & perfides calomniateurs de mon zéle pour la religion. J'ai constaté sous vos yeux l'existence & l'atrocité de ces noires calomnies qu'on s'efforçoit sourdement d'accréditer contre moi & plusieurs de mes confreres. Je vous ai prouvé, Monseigneur, qu'on a eu l'impudence de soutenir que MM. Leclerc & Dubracq étoient *deux déistes*; d'avancer qu'on *regarderoit de près* aux éleves de ma façon; de demander *si je disois du breviaire*, si *je ne prêtois pas des livres défendus aux Séminaristes*; de mettre le dernier comble à toutes ces horreurs, en plaçant *des abominations d'esprit & de cœur, une secte de jeunes déistes* formée *depuis deux ans* dans votre Séminaire, parmi *les prouesses* de mon gouvernement. De ces énormes imputations il n'en est pas une seule, dont je n'aye la preuve entre les mains, & dont je ne puisse nommer l'auteur. Je connois également les sources impures où l'on a été les puiser, & les indignes ressorts qu'on a fait jouer pour les répandre. Je n'ai pas tout dit dans les lettres que j'ai eu l'honneur de vous adresser; mais j'en ai dit assez, Monseigneur, pour vous mettre à portée de me rendre justice.

PERMETTEZ-MOI de le répéter aujourd'hui à Votre Grandeur; cette justice que je ne cesserai de réclamer, vous me la devez toute entiere, vous me l'avez promise; & pour la solliciter efficacement, j'ai la plus puissante considération à vous mettre sous les yeux ; c'eſt que vous-même, Monſeigneur, vous êtes eſſentiellement intéreſſé à ne me la pas refuſer. Ma cauſe eſt pleinement devenue la vôtre ; on n'a pu toucher à mon honneur, ſans ternir votre gloire. J'ai déja pris la liberté de vous le faire obſerver, & l'événement a démontré la juſteſſe de mon obſervation : elle a échappé à mes ennemis ; la méchanceté profonde qui les aveugle, qui les tranſporte, ne leur a laiſſé ni aſſez de lumieres pour l'appercevoir, ni aſſez de réflexion pour la ſentir. C'eſt par une ſuite de leur aveugle frénéſie qu'ils ont oſé répandre des bruits, lancer des traits qui ne ſont parvenus juſqu'à moi, qu'après avoir frappé votre religion, votre équité, votre prudence par les endroits les plus ſenſibles. Je vous les dénonce, Monſeigneur, ces bruits inſultans qui me déshonorent moins qu'ils ne vous outragent perſonnellement vous-même ; & je ne vous les dénonce qu'après avoir acquis les preuves les plus complettes de leur exiſtence & de leur certitude.

Vous le ſavez, Monſeigneur, les vœux de votre Clergé, & les ordres du Roi m'avoient rappellé dans votre Diocéſe, aux inſtances du Bureau Eccléſiaſtique, vous aviez joint vos propres ſollicitations auprès de mes Supérieurs pour provoquer mon retour. Sous leur autorité & par leur miſſion, je devenois membre d'une Communauté qui a une exiſtence légale à Toul, & même un domicile antérieur à l'érection de votre Séminaire. Cependant, Monſeigneur, s'il faut ajouter foi à des lettres que je viens de recevoir, j'ai été ſans m'en douter, à la veille d'eſſuyer les dernieres violences, pour être enlevé de force, ou exclu avec éclat d'une maiſon où toutes les loix m'aſſuroient un aſyle ; & ce projet, auſſi ridicule qu'il eſt injuſte, vous ne le croirez pas, Monſeigneur, on a la témérité de vous l'attribuer à vous-même. Oui, d'après les lettres que j'ai ſous les yeux, vous deviez vous rendre à la maiſon du Saint-Eſprit, pour m'en interdire la porte, vous deviez même demander main-forte pour m'en faire ſortir malgré moi, en venir aux plus fâcheuſes extrêmités, ſi j'oppoſois la plus légere réſiſtance, exciter, allumer le zéle des premiers Magiſtrats, les armer contre moi du glaive de la juſtice, gager quatre Recors, & vous mettre à leur tête.

En accréditant ces horribles impoſtures dans votre Ville Epiſcopale, dans tout votre Diocéſe, veut-on, Monſeigneur, m'inſpirer de la défiance, de l'inquiétude ſur l'impartialité de votre tribunal, me faire repentir de vous avoir pris pour juge, en vous rangeant parmi mes ennemis, mes perſécuteurs ? On n'y réuſſira pas. Veut-on vous mettre dans la plus révoltante contradiction avec vous-même, en vous imputant le deſſein formé d'employer contre moi des voyes de fait qui ne ſont permiſes à perſonne, d'en venir à des expéditions violentes que mériteroit à peine l'homme le plus contagieux par ſon irréligion ou ſon libertinage, tandis que vous avez ſi formellement & ſi ſouvent déclaré que je n'aurois pas de plus zélé défenſeur que vous, contre les accuſations, même contre les ſoupçons qui terniroient ma foi ou mes mœurs ?

Non, Monſeigneur, vous ne le ſouffrirez pas, & permettez-moi de de vous le représenter avec la plus humble fermeté, avec le plus grand zéle pour votre gloire, vous ne pouvez pas souffrir qu'on porte impunément des atteintes si cruelles, si éclatantes aux vertus de votre cœur, aux principes de votre équité, aux lumieres de votre sagesse, aux titres respectables du caractere sacré dont vous êtes revêtu.

JE vous supplie, Monseigneur, de me permettre encore une réflexion fondée sur les propos, les écrits, les procédés de mes ennemis & des vôtres. Comme ces méchans dont parle l'Ecriture, aveuglés par l'envie de nuire qui les dévore, leurs propres armes se tournent contre leurs cœurs meurtriers; ils se prennent eux-mêmes dans les filets qu'ils tendent sous les pas de l'homme droit; ils relevent la noirceur de leurs desseins par les précautions qu'ils prennent pour en couvrir la trame, & de peur que le public ne devienne partie dans la cruelle affaire qu'ils m'ont suscitée, ils semblent vouloir me forcer à le prendre pour juge. C'est la seule ressource qu'ils me laissent, si vous ne vous hâtez, Monseigneur, de confondre l'injustice & l'audace de leurs affreux projets, de répandre sur leur visage imposteur la confusion salutaire qu'ils méritent, de les mettre malgré eux dans l'heureuse impuissance de scandaliser, de calomnier & de nuire. Ce n'est ni votre indignation, ni votre vengeance que j'invoque contre eux. J'éteindrois dans mes larmes, si je ne pouvois conjurer par mes instances, la foudre dont vous frapperiez leurs têtes coupables; ils sont mes calomniateurs, mais ils sont plus encore, ils sont mes freres. C'est votre justice que je sollicite en faveur de ma religion, de mon honneur, dont j'ai mis la défense entre vos mains. J'ai l'honneur d'être avec le plus profond respect, &c.

SIXIÉME LETTRE.

Paris 3 Mars 1773.

Monseigneur,

JE l'ai prédit à Votre Grandeur, & j'ai toujours appréhendé qu'en voulant réaliser la perfide & ridicule chimere du déisme érigé en société parmi les jeunes éleves de votre Séminaire, mes ennemis & les vôtres ne nous forçassent à prendre des mesures éclatantes, pour arrêter les suites funestes de leurs imprudentes & téméraires démarches. L'événement, Monseigneur, n'a que trop malheureusement justifié ma prédiction & mes alarmes, j'ai sous les yeux une lettre écrite par un Prélat respectable à une personne en place. Cette lettre parle du déisme introduit au Séminaire de Toul, des mauvaises lectures qui s'y faisoient, de la vogue où étoit parvenue parmi les Séminaristes la nouvelle philosophie de Geneve, & l'obligation de faire *maison neuve*, rélativement aux Directeurs. Une autre lettre que j'ai aussi entre les mains, & qui vient d'un très-bon endroit, parle des troubles élevés dans le Séminaire de Toul, de la publicité qu'ils ont acquise, au point de ne pouvoir être envisagé avec indifférence. M. l'Abbé du Pinet vient encore de me dire, en présence de M. l'Abbé de Meraumont & de quelques autres personnes, qu'il a eu communication d'une troisiéme lettre écrite de très-bonne part à une Dame de la premiere qualité : lettre qui annonce que le déisme & ses abominables productions avoient infecté votre Séminaire, jusqu'à vous mettre dans l'obligation de renvoyer *quarante Séminaristes*, de suspendre une ordination générale, malgré le besoin pressant de votre Diocése. On ajoute qu'il est très-fâcheux que cette découverte ait été faite dans un Séminaire dirigé par les Prêtres de la Mission. Plusieurs de Nosseigneurs les Evêques, par la bienveillance dont ils m'honorent, & par l'intérêt qu'ils daignent prendre à notre Congrégation, ont marqué le plus grand désir d'être instruits de cette malheureuse affaire, qu'on affecte de répandre dans la Capitale & dans les provinces.

ICI, Monseigneur, comptez-moi pour rien, j'y consens, je voudrois même n'avoir jamais rien été à vos yeux. Jettez-les uniquement sur la Congrégation dont j'ai l'honneur d'être membre. Je dépose dans cette derniere lettre le personnage que j'ai pris dans les précédentes, dont vous ne daignez pas même m'accuser la réception. Deux des plus habiles Avocats sont d'avis que votre silence persévérant m'autorise, me nécessite même à prendre d'autres mesures dans une affaire où ma religion & mon honneur se trouvent si cruellement offensés. Mais, encore une fois, j'oublie aujourd'hui mes propres intérêts. Je me refuse aux oracles du Barreau & aux sentimens de mon ame. Je n'interpelle que les lumieres de votre sagesse, les principes de votre équité, les mouvemens de votre conscience. Pensez-vous, Monseigneur, qu'on puisse dans les bonnes régles se dispenser de venger la réputation d'un Corps Ecclésiastique entiérement consacré au service de l'Eglise, dévoué aux ordres de ses premiers Pasteurs dans la formation de ses jeunes Ministres? Pensez-vous qu'on puisse abondonner l'honneur de ce Corps à des bruits, à des réflexions trop propres à obscurcir son amour pour les intérêts de la religion, son zéle pour la gloire des autels?

VOUS pouvez si facilement les anéantir, ces bruits injurieux, ces réflexions injustes! Votre prudence, votre place vous en fournissent tant de moyens! Une lettre qu'on puisse montrer, permettez-moi de vous le dire, Monseigneur, vous la devez à une Congrégation qui a toujours si bien mérité de vous, vous la devez au succès de ses importantes fonctions, vous la devez à votre propre gloire. Un seul mot de votre part suffira pour mettre fin à cette déplorable affaire. Vous avez recherché la vérité, la vérité vous est parfaitement connue, la vérité réclame aujourd'hui les droits sacrés qu'elle a toujours conservés sur votre cœur. Daignez opposer sa force invincible aux éclats scandaleux de l'imposture, faire remonter sa vive lumiere jusqu'aux sources ténébreuses d'où le mensonge a fait couler son poison meurtrier. Des hommes dont vous connoissez la vertu & le mérite, pensent qu'il est indispensable de détruire ces faux bruits, d'en arrêter les progrès, d'en prévenir les ſuites, ſoit de votre part, Monſeigneur, par un écrit qui les décrédite, ſoit de la mienne par un mémoire qui les démente. J'attendrai la réponſe dont vous voudrez bien m'honorer. Elle ſera la régle du parti que j'aurai à prendre. Puiſſiez-vous me réduire à l'heureuſe néceſſité de garder le ſilence !

J'AI l'honneur d'être avec un profond reſpect, &c.

SEPTIÉME LETTRE.

Paris 1 Avril 1773.

Monſeigneur,

NON, malgré les bruits inſenſés que les ennemis de ma réputation & de votre gloire affectent de répandre, ils ne réuſſiront pas à me faire regarder comme un déni de juſtice, votre ſilence perſévérant ſur une affaire que j'ai déférée à votre tribunal, & qui vous réclamoit pour juge. J'aime au contraire à me perſuader que ſi vous avez différé ſi long-temps à prononcer le jugement que je ſollicite, c'eſt que vous avez voulu épuiſer toutes les reſſources que votre profonde ſageſſe a pu vous offrir pour vous mettre à portée de juger en pleine connoiſſance de cauſe. Cette perſuaſion fondée ſur l'équité de votre cœur & l'innocence de ma conduite, ſoutient l'eſpérance que j'ai conçu de voir votre main s'étendre ſur la vérité pour en venger les droits, ſur la calomnie pour la couvrir de honte. C'eſt cette ferme eſpérance, Monſeigneur, qui me porte à vous écrire une derniere lettre, plus importante peut-être, que toutes celles qui l'ont précédée, par les nouvelles conſidérations que je vais en peu de mots vous mettre ſous les yeux, & ſoumettre à vos lumieres.

VOTRE changement à mon égard, auſſi prompt que peu attendu, m'avoit toujours paru l'un de ces événemens qui ne s'annoncent que par la ſurpriſe, & dont on ne peut deviner la cauſe. Vous m'aviez conſtamment donné les marques les plus authentiques & les plus honorables de votre eſtime & de votre confiance. Vous avez daigné m'en continuer des preuves ſenſibles, même après les premiers mois de l'année derniere. Je me rappelle encore avec reconnoiſſance, les bontés ſingulieres dont je fus l'objet, & M. Labouré le témoin pendant les derniers jours qui précéderent celui des Cendres. J'ai ſous les yeux une de vos lettres, écrite vers le même temps : l'objet qui me l'a procurée, prouve que mes travaux & mes ſervices avoient encore le don de vous plaire ; & j'y vois avec complaiſance, outre les choſes les plus obligeantes & les plus flatteuſes, de nouvelles aſſurances de *votre tendre & reſpectueux attachement* ; ce ſont vos expreſſions. M. l'Abbé Pichet eſt encore témoin qu'après Pâques, aux approches de la premiere aſſemblée générale de votre Clergé, vous me faisiez la grace de m'expliquer vos projets, de me communiquer vos alarmes, d'interroger mon zéle, d'accueillir mes réflexions; en un mot, de me parler avec toute votre confiance ordinaire. Très-peu de temps avant cette assemblée, vous voulutes bien me faire avec M. Thiébaut votre Provicaire général, les plus vives instances pour me presser de conserver dans le nouveau bureau qui alloit se former, la place que j'occupois dans l'ancien qu'on devoit abolir; je n'ai jamais cru, & il seroit ridicule d'imaginer que mes résistances, fermes à la vérité, mais aussi humbles & respectueuses qu'elles étoient motivées & solides, ayent pu devenir l'écueil fatal des sentimens que je vous paroissois avoir mérité jusqu'à cette époque.

Je suis également éloigné de croire que ma conduite, relativement aux difficultés survenues dans la premiere assemblée du 15 Juin, ait dû vous déplaire. Vous avez approuvé, & même suggéré le choix qui m'a placé, & pendant la tenue de cette assemblée, & dans l'intervalle qui a précédé la seconde, parmi les pacificateurs chargés d'applanir les obstacles qui s'opposoient à la concorde entre les deux Clergés de votre Diocése. Si je n'ai voulu prendre aucune part à certaines propositions peu réfléchies & peu conséquentes qu'on s'est efforcé de faire adopter, j'ai eu à m'applaudir de n'être entré pour rien dans les contradictions mortifiantes & multipliées qui m'ont obligé à les abandonner. Cette réserve de ma part n'a pas arrêté de la vôtre, peut-être même a-t'elle déterminé, provoqué la confiance dont vous m'avez honoré, en m'associant aux Ecclésiastiques chargés de rédiger au nom du Clergé François les quatre articles qui ont été, presque tous, adoptés par le Clergé Lorrain, & suivis dans les mêmes termes dont je m'étois servi pour les coucher par écrit.

La seconde assemblée tenue le 15 Juillet, me nomme unanimement parmi les Commissaires. Je fais publiquement des protestations, des remontrances; & loin d'y avoir égard, vous daignez vous-même approuver & confirmer ma nomination. Cette importante affaire, où vous m'avez donné tant d'influence, & où je n'ai pris tant de part, que par dévouement à votre service, & par zéle pour votre gloire, cette importante affaire n'est pas plutôt terminée, que tout à coup dès le 17 du même mois, je vois, à ne pouvoir m'y méprendre, toutes vos dispositions changer à mon égard, & l'éloignement le plus marqué succéder, sans intervalle, à la confiance la plus entiere.

Voila l'ordre des faits dans la plus exacte vérité. Permettez-moi de vous le demander, Monseigneur, avois-je tort d'y appercevoir le point de vue le plus surprenant & le plus extraordinaire? N'étoit-il pas propre à occasionner l'étonnement qu'il a répandu dans toutes les parties de votre Diocése? De tous côtés on me demandoit la raison d'une révolution si subite; comment aurois-je pu la donner? Je l'ignorois absolument moi-même. Je n'avois pas même la liberté de m'adresser à Votre Grandeur dès votre premiere conférence avec M. Holleville, dont vous aviez à mon insçu sollicité la visite, vous lui avez formellement déclaré que *vous ne vouliez, ni éclaircissemens, ni ni discussions avec moi, parce qu'avec moi on finissoit toujours par n'avoir pas raison*, ce sont les propres termes qu'il m'a rendus de votre part. Dès-lors, Monseigneur, sa mission demandée avec instances, & provoquée à plusieurs reprises, étoit donc sans objet, & son voyage pour le moins inutile. Pardonnez-moi cette courte réflexion, je vous en supplie, Monseigneur; je ne l'ai hazardée que pour la soumettre à votre jugement, & verser toute mon ame dans le sein de Votre Grandeur. Quoiqu'il en soit, la raison de cet éclat a toujours été aussi inaccessible à toutes mes recherches que le motif de ma disgrace. La seule pensée qui me soit venue à l'occasion de cette démarche violente, après plus de huit ans de services en tous les genres, c'est que du temps de M. Valliton, en moins de six ans vous aviez provoqué deux visites extraordinaires, dont la cause ne m'a jamais été bien connue. Est-il singulier que j'aye inutilement cherché le véritable objet de la troisiéme?

CAR, Monseigneur, tout mon esprit se révolte à la seule pensée qu'un misérable chiffon anonyme, adressé à M. Drouas, montré à Votre Grandeur, remis à M. Holleville, déposé entre mes mains, ait pu jamais en être le fondement ou le prétexte. Cet écrit absurde, vrai libelle, contient des imputations si notoirement fausses, il énonce des faits si évidemment ridicules, qu'il ne mérite que l'indignation & le mépris. L'auteur l'a reconnu lui-même par ses tergiversations puériles, & ses désaveux formels. Je crois de mon côté l'avoir démontré sans réplique, dans la troisiéme lettre que j'ai eu l'honneur de vous écrire, & le public n'en portera certainement pas un autre jugement. J'ai d'ailleurs sur ce point l'avis des plus célébres Avocats, ainsi que sur l'objet de ma quatriéme lettre à Votre Grandeur.

JE désespérois, Monseigneur, de pouvoir jamais découvrir le premier fil de la trame ourdie contre moi, lorsque la providence me l'a mis à la main. Deux mauvais sujets, éprouvés, punis, retardés pour l'ordination, ou exclus pour un temps du Séminaire, ont été les deux premiers ouvriers de toute cette lâche & indigne manœuvre. Je les connois, Monseigneur, je puis vous les nommer; mais je vous respecte trop, je me respecte trop moi-même pour salir ma plume & vos yeux, en vous traçant des noms aussi méprisables. Vous ne les connoissiez pas alors. Vous avez déja rendu justice au premier, d'abord en le traitant *de brouillon*, ensuite en l'excluant de l'ordination, enfin en le chassant de votre présence. La ridicule ambition de l'autre, quoique couverte & protégée, n'a pas dû échapper long-temps à la pénétration de vos regards. Souffrez, Monseigneur, que je reprenne la suite des faits, & que je les place chacun sous leur époque.

LE tonnerre n'a grondé dans toute sa force que vers la fin de Juillet, & c'étoit néanmoins vers le mois de Mai que le nuage commençoit à se former sur ma tête. C'est au moins vers cette époque qu'un Diacre dyscole & mécontent vous porta des plaintes, que vous les lui demandâtes par écrit & signées de sa main. Elles rouloient sur le Supérieur, le Directeur, & les Professeurs du Séminaire. Jamais vous n'avez daigné nous en faire part. Ce que nous en avons appris, nous est revenu par le canal de quelques personnes à qui ce lâche & perfide accusateur en avoit fait la confidence. J'en ai la preuve entre les mains, & j'en aurois sçu davantage, si j'avois voulu pousser mes recherches par ces voyes odieuses que l'honneur & la probité ne connurent jamais. Il m'a suffi d'apprendre de votre propre bouche, Monseigneur, que la calomnie avoit respecté ma foi, ma conduite & mes mœurs. Ce Diacre eut la témérité, en faisant le récit de son mémoire, d'ajouter qu'il venoit de *secouer le joug des Lazaristes;* que vous alliez *leur ôter la direction de votre Séminaire*, *l'ordonner Prêtre, malgré eux*, *lui donner un Vicariat*, que je savois effectivement lui avoir été proposé par le Curé de sa Paroisse, & promis à des conditions qui ne me paroissoient ni honnêtes, ni canoniques : proposition & promesse qui vous étoient sans doute absolument inconnues. Il eut même la fatuité de se vanter que dans le cours de l'été, vous l'aviez plusieurs fois mandé à l'occasion de ce mémoire, dont il se glorifioit quelquefois d'être l'auteur, & qu'il attribuoit, dans quelques autres occasions, *à une personne respectable*, c'est-à-dire, lorsqu'on le lui reprochoit, comme un trait de vil imposteur & de malhonnête homme; reproche qui lui a été assez souvent réitéré par ses confreres.

C'EST sûrement, Monseigneur, dans cette source empoisonnée qu'on a puisé la fable absurde & perfide du déisme érigé *en société* dans votre Séminaire; du libertinage d'esprit & de cœur établi depuis deux ans parmi ses Eléves; des *abominables productions de l'impiété* qui se *colportoient impunément*, au point que *le très-grand nombre étoit sans religion*, & des autres horreurs détaillées dans les deux écrits, vrais tocsins, que j'ai cru devoir vous déférer par ma troisiéme & ma quatriéme lettre. Je ne dis rien de celle qui a été saisie chez un jeune Prêtre, ni d'un recueil manuscrit, trouvé, dit-on, parmi les papiers d'un jeune Diacre. Vous savez, Monseigneur, que l'ordination du Prêtre ne fut jamais notre ouvrage, & que, depuis longtemps, le Diacre n'étoit plus sous notre discipline. Nous vous avions manifesté nos sentimens & nos inquiétudes sur ces deux sujets.

DES allégations de cette importance alarmerent votre religion; elles vous parurent d'un poids à réclamer toute l'ardeur & la sollicitude de votre zéle. Je respecte le jugement que vous en avez porté, & les mesures que vous avez cru devoir prendre pour constater le mal & en chercher le remede. Je trouve d'abord, dans les *observations faites*, *lues* & *signées* par Votre Grandeur *à Saint Fiacre le 27 Octobre 1772*, article 2, *que le matin du premier jour de la retraite, les Séminaristes étant dans leurs chambres, la visite des malles & paquets de chaque Séminariste du grand & du petit Séminaire*, sera faite *par tous Messieurs les Missionnaires, trois par galerie, pour s'assurer qu'il n'y a point de mauvais livres, ni même tant soit peu suspects, contre la religion, la piété & les mœurs; qu'ils visiteront même les manuscrits.* La visite a été faite le 6 Novembre avec toute l'exactitude & la rigueur voulue par ce réglement, & les recherches les plus scrupuleuses n'ont produit aucune découverte. (*)

A cette premiere précaution, aussi sage qu'elle étoit propre à opérer la conviction du désordre, s'il en avoit existé, Votre Grandeur en fit succéder une autre, qui ne fut pas moins efficace pour calmer vos justes alarmes. Le 19 du même mois, votre zéle vous conduisit vous-même avec éclat au Séminaire, pour interpeller l'obéissance de tous les Séminaristes assemblés, leur confier vos inquiétudes, & les obliger à comparoître devant le nouveau Supérieur, pour lui déclarer, chacun en particulier, ce qu'il pouvoit savoir des faits énoncés dans les questions qu'on devoit leur faire. Le Supérieur, avec la liste des questions, avoit accepté la commission contre l'avis des plus sages de ses confreres; il l'exécuta ponctuellement selon vos intentions. Tout ce que purent faire les Séminaristes, ce fut de témoigner leur surprise à toutes les questions qui leur étoient proposées, & de protester que les désordres qui en étoient l'objet, leur étoient entiérement inconnus. Le Supérieur fut lui-même si frappé de l'ingénuité de leurs réponses, & si convaincu de leur vérité, qu'il les assura de toute sa protection auprès de vous. Il leur tint parole, & à plusieurs reprises, il vous fit les plus vives instances pour obtenir l'ordination, qui devoit se faire un mois après. L'orage se dissipoit, & le calme paroissoit succéder à la tempête, lorque le 21 un nouveau délateur vint exciter de nouveaux troubles. C'étoit un jeune Prêtre à qui la manœuvre & la brigue frayoient la route à un bénéfice important de votre Diocése. Il eut, ce jour-là même, l'honneur de dîner à votre table. Le même jour, on vint en diligence & par vos ordres au Séminaire demander le catalogue des Prêtres ordonnés depuis trois ans. Ce malheureux détracteur vous fournit des notes particulieres sur chacun de ces jeunes Prêtres, ainsi que sur une vingtaine de Séminaristes. Les uns étoient qualifiés d'hommes *sans talens, de bêtes*; les autres *d'hypocrites, d'amateurs de leurs plaisirs, &c.* Dès le soir du même jour, M. Drouas, qui vers le 10 avoit dit qu'*il y avoit là au Séminaire un certain M. Brocquevielle qui lui paroissoit faire triste figure*, vint en triomphe rapporter au nouveau Supérieur *qu'enfin tout étoit découvert*. Les anciens Directeurs du Séminaire n'étoient pas épargnés dans cette nouvelle délation; & M. Dompeyre lui-même, parce qu'il avoit très-bien rencontré, en augurant assez mal du caractere & de la conduite du délateur, dès les premieres épreuves qu'il fit au petit Séminaire, M. Dompeyre, Monseigneur, ce Prêtre si respectable par son éminente vertu & son mérite solide; M. Dompeyre, le plus sage & le plus vigilant des Directeurs qui ait jamais été chargé de la conduite des jeunes Clercs, M. Dompeyre est placé par ce noir calomniateur à la source fatale d'où il fait couler le déréglement du Séminaire. Ce seul trait a dû lui annoncer

(*) Un Directeur a trouvé un volume de Rabelais dans la Chambre d'un philosophe, il faut l'avouer; mais ce jeune homme étoit éleve du Séminaire, Collége Saint-Claude, & ce n'est plus dès-lors la matiere d'un procès contre celui du Saint Esprit.

toute la honte que sa méchanceté, une fois découverte, devoit réfléchir sur son visage imposteur.

VOUS ne la soupçonniez pas même, Monseigneur, cette méchanceté profonde, mercénaire, intéressée, elle auroit révolté votre religion. Mais vous ignoriez les sordides & indignes manœuvres qui avoient préparé, conduit, amené cette nouvelle dénonciation. Aussi est-ce dans la meilleure foi, qu'animé des vues les plus pures, & pénétré des plus justes frayeurs, vous revintes le 23 au Séminaire communiquer cette nouvelle liste avec les notes qu'on vous avoit fournies. Quelle fut votre surprise, lorsque vous entendites les anciens Directeurs crier hautement à la calomnie, soutenir avec force, démontrer avec évidence que la délation portoit sur plusieurs Clercs des plus réguliers & des plus sages de votre Séminaire. Un seul article convaincu de faux, suffisoit pour faire légitimement suspecter tous les autres. Aussi, Monseigneur, votre justice & votre sagesse vous détacherent bientôt de la résolution de donner suite à une déposition de cette nature. Il y eut cependant environ six Séminaristes qui eurent ordre de se retirer; mais leur tort ne pouvoit être d'avoir été employés dans une liste aussi odieuse sous tous ses rapports. Témoin le jeune Ulriot, que le suffrage & la réclamation de son Directeur ne purent garantir de la proscription. Témoin encore l'un des anciens qui a, depuis son exclusion, rapporté à l'un des Directeurs, que pour opérer sa justification, on ne lui avoit offert d'autres moyens que celui d'accuser les autres. Je pourrois grossir cette espéce de témoignage; mais deux sont déja trop dans les bonnes régles.

PENDANT que cette malheureuse affaire vous occupoit au-dedans du Séminaire, M. l'Official s'en occupoit au-dehors avec toute l'activité du zéle que votre Diocése lui connoît, & auquel le public a rendu justice. Selon le catalogue qui vous a été fourni depuis Pâques 1770, jusqu'à la Trinité 1772, vous aviez ordonné quatre-vingt-trois Prêtres. D'après l'idée qu'on s'efforçoit d'accréditer sur le déisme & le libertinage établis *depuis deux ans au Séminaire*, & érigés en *secte* parmi ses Eléves, cette nombreuse jeunesse sacerdotale devoit avoir jetté bien des déistes & des libertins dans le sein de votre Clergé. Cependant le nombre des jeunes Prêtres accusés & mandés en conséquence des griefs dont on les avoit chargés, fut si peu considérable, que, par lui-même, il devenoit la preuve de l'injustice d'une accusation aussi atroce, & de l'inutilité d'une procédure aussi éclatante.

JE ne parle pas, Monseigneur, du rigoureux interrogatoire prêté par le jeune Prêtre, chez qui l'on avoit saisi une lettre, & par le jeune Diacre, à qui on avoit enlevé un manuscrit : interrogatoire, à qui l'on donna tout le formidable appareil d'un jugement criminel, jusqu'à menacer *de la torture*, si l'on ne disoit pas tout ce qu'on vouloit extorquer par des aveux forcés. Ce fait est certain, Monseigneur, & comme il est odieux, j'ai eu soin d'en recueillir un témoignage supérieur à toute dénégation. Mais encore une fois le délit comme

l'ordination

l'ordination de ces deux sujets, sont des points totalement étrangers, & nullement imputables aux Directeurs du Séminaire.

Des cinq ou six Prêtres mandés & interrogés, un seul gémit encore sous l'anathême, c'est-à-dire, la privation de tous pouvoirs. Mais il monte tous les jours à l'autel; il demande hautement qu'on opere la conviction, en déduisant des chefs, en articulant des faits, en citant des témoins, & il proteste publiquement de son innocence. J'ajoute que sa disgrace porte confusément & uniquement sur un objet totalement étranger au Séminaire, & au déisme qu'on cherchoit à y découvrir. Un autre formellement accusé d'être membre de *la secte*, parce qu'il eut l'assurance de parler avec force pour l'innocence opprimée, jusqu'à embarrasser son interrogateur, fut renvoyé de toute accusation. Il en fut de même d'un troisiéme qui n'étoit pas plus coupable, & qui ne fut pas plus timide. Il est vrai que la protection & le rang d'un oncle qui l'avoit élevé sous ses yeux, durent donner de la force à ses défenses, il fut rendu à toutes ses fonctions. Le tribunal de la pénitence a été fermé à deux autres; mais la preuve, l'apparence même du déisme, si elle avoit été acquise, auroit dû les bannir de l'autel, de la chaire, & des autres parties du ministere qu'on leur a laissées.

Après tant de mortelles inquiétudes & de si vives alarmes, quelle dût être votre consolation, votre joye, Monseigneur, lorsque les plus grandes précautions, les démarches les plus extraordinaires, & les perquisitions les plus scrupuleuses n'aboutirent enfin qu'à découvrir la surprise insultante, la cruelle illusion qu'on avoit faite à votre religion, pour enflammer votre zéle à la poursuite d'un monstre qui n'eut jamais de réalité que dans la noire malice des cœurs pervers qui l'avoient enfanté ? Cette joye, cette consolation, fruit précieux de vos recherches, digne récompense de la maturité qui les a conduites, de la sagesse qui les a éclairées, j'ai droit de les partager avec Votre Grandeur. Aussi en ai-je ressenti les impressions les plus intimes dès le moment où j'ai appris l'ordination générale que vous avez faite le 6 du mois dernier, & la parole que vous avez donnée de compenser le délai de cette ordination, (*) en la réitérant autant de fois qu'elle vous seroit demandée jusqu'à la Trinité prochaine.

Ce seul trait, Monseigneur, devient l'apologie la plus complette des Directeurs & des Eléves de votre Séminaire. Y auroit-il en effet de l'apparence, ou plutôt quelle absurdité n'y auroit-il pas à supposer que moins de trois mois auroit suffi pour extirper la derniere racine du déisme, du libertinage fortifié *depuis deux ans* dans le cœur des uns par *l'invigilance* des autres ? Une révolution aussi rapide passeroit la borne ordinaire des prodiges même de la grace. La calomnie qui avoit abreuvé les uns & les autres de son noir

(*) Jamais pour les Prêtres ordination ne fut plus nombreuse, ni examen plus indulgent. Trois examinateurs, un Archidiacre & deux Chanoines furent vivement relancés devant tous les autres, sur la longueur, l'obscurité & l'entortillement de leurs syllogismes.

poiſon, doit aujourd'hui frémir d'horreur & pâlir de honte; il ne faut plus qu'un coup pour la couvrir de tout l'opprobre qu'elle mérite, & venger l'innocence qu'elle avoit opprimée. Ce coup, Monſeigneur, doit partir de votre main. Depuis long-temps je le ſollicite, & je l'attends de votre juſtice. Votre conduite à l'égard du Séminaire vient de préjuger authentiquement pour ſes anciens Directeurs. Deux mots de votre part mettront le comble à leur juſtification & à votre gloire. La plus courte réponſe à toutes les lettres que j'ai eu l'honneur de vous écrire, depuis la naiſſance de cette cruelle intrigue, oppoſera déſormais un reméde plus puiſſant, ou une digue plus forte qu'un mémoire à conſulter, & une conſultation de quelques Avocats célébres, ſur le détail & la preuve des faits dont je viens de tracer l'analyſe. Moi-même, Monſeigneur, j'y trouverai avec bien plus de ſatisfaction, le gage précieux de la continuation de votre eſtime, dont je n'ai pas démérité la poſſeſſion, & du retour de votre bienveillance, dont j'ai vivement regretté la perte.

J'AI l'honneur d'être avec un profond reſpect, &c.

www.ingramcontent.com/pod-product-compliance
Lightning Source LLC
LaVergne TN
LVHW052012160826
845678LV00003B/1017

* 9 7 8 2 3 2 9 6 5 3 4 4 0 *